はじめての
ママ＆パパも
あんしん！

かんたんに作れる
フリージング離乳食

監修・料理　新谷友里江

大泉書店

もくじ

離乳食の進め方…4
栄養について…6
この本の見方…7
調理の基本…8
電子レンジを使って下ごしらえテク…10
離乳食にあると便利なアイテム／
フリージングにあると便利なアイテム…11
食物アレルギー…12
基本のおかゆ…14
基本のだし・スープ…15
フリージングの基本…16
解凍の基本…18
食材の基本　下ごしらえ＆フリージングのしかた…20
- 食パン…20
- うどん…21
- さつまいも…22
- ささみ…23
- にんじん…24
- ほうれん草・小松菜…25

時期別　食べてもOK・NG食材リスト…26

ゴックン期 5～6か月ごろ…30

- 食べさせ方／スケジュール例／進め方のポイント／次のステップへの目安…31
- 離乳食を始めるタイミング…32 ／離乳食開始直後の食べさせ方：注意点／ありがち… 困ったランキング…33

フリージング食材リスト…34 ［10倍がゆ／パンがゆ／うどん／たい／しらす／ミニトマト／ほうれん草／さつまいも／にんじん／バナナ／キャベツ］

献立例 …37

主食 …38

- 5～6か月ごろのイベントレシピ　ひな祭り＆こどもの日…43

副菜 …44

- ベビーフード活用レシピ…48

Q＆A　5～6か月ごろの食のお悩み…49

モグモグ期 7～8か月ごろ…50

- 食べさせ方／スケジュール例／進め方のポイント／次のステップへの目安…51

フリージング食材リスト…52 ［7倍がゆ／パンがゆ／そうめん／ささみ／カレイ／鮭／さやいんげん／かぼちゃ／クリームコーン／大根／玉ねぎ／ブロッコリー］

献立例 …55

主食 …56

主菜 …61

- 7～8か月ごろのイベントレシピ　ハロウィン＆クリスマス…68

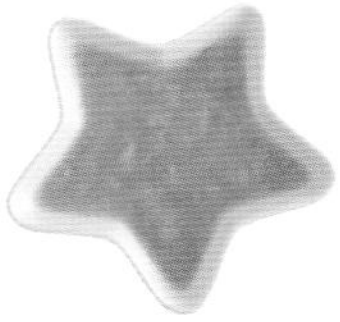
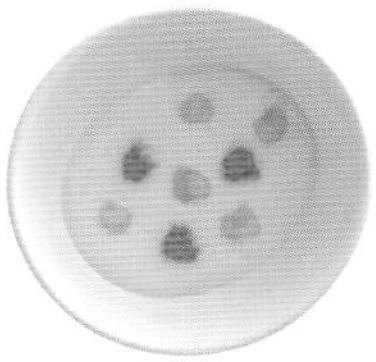

副菜 …69

- ベビーフード活用レシピ…74

Q＆A　7～8か月ごろの食のお悩み…75

カミカミ期 9～11か月ごろ…76

- 食べさせ方／スケジュール例／進め方のポイント／次のステップへの目安…77

フリージング食材リスト…78 ［5倍がゆ／食パン／スパゲッティ／納豆／ぶり／小松菜／豚赤身ひき肉／パプリカ／カリフラワー／ひじき／グリーンアスパラガス／しめじ］

献立例 …81

主食 …82

主菜 …86

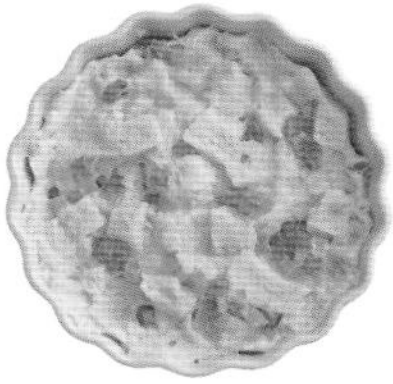

- 9～11か月ごろのイベントレシピ　ひな祭り＆こどもの日…92

副菜 …93

おやつ …98

- ベビーフード活用レシピ…100

Q＆A　9～11か月ごろの食のお悩み…101

パクパク期 1歳～1歳6か月ごろ…102

- 食べさせ方／スケジュール例／進め方のポイント／次のステップへの目安…103

フリージング食材リスト…104 ［軟飯／食パン／マカロニ／大豆／さば／ごぼう／牛ももしゃぶしゃぶ肉／ピーマン／白菜／しいたけ／オクラ／かぼちゃ］

献立例 …107

主食 …108

- 1歳～1歳6か月ごろのイベントレシピ　ハロウィン＆クリスマス…113

主菜 …114

副菜 …120

おやつ …124

- アニバーサリーレシピ…126

Q＆A　1歳～1歳6か月ごろの食のお悩み…127

離乳食の進め方

離乳食は、赤ちゃんの発達に合わせて４つのステップに分けられます。離乳食の回数や食材のかたさの目安など無理なく進めましょう。

	ゴックン期（初期） **5～6か月**	**モグモグ期（中期）** **7～8か月**
赤ちゃんの食べる姿	おっぱい・ミルク以外の食べ物に少しずつ慣れる時期。舌を前後に動かしながら、口を閉じて飲み込む（ゴックン）ことを覚えます。 	舌を上下に動かせるようになり、上あごに食べ物を押しつけてモグモグつぶしながら食べます。歯が生え始める子も。 
食べる回数と授乳の目安／栄養をとる割合	**１日１回（慣れてきたら２回）** 午前10時ごろ おっぱい・ミルクは欲しがる分だけ与えます。 **10～20％離乳食** **80～90％** **おっぱい・ミルク**	**１日２回** 午前10時ごろ／午後6時ごろ おっぱいは欲しがる分だけ与え、 ミルクは１日３回程度。 **30～40％** **離乳食** **60～70％** **おっぱい・ミルク**
食べさせ方	赤ちゃんの様子や食物アレルギーの反応などを確かめながら、ひとさじずつが基本。新しい食材を与えるときは特にしっかり確認します。	食べる楽しみが習慣化するよう、なるべく同じ時間帯に食べさせます。さまざまな味や舌ざわりを体験できるように食材を増やしましょう。
かたさ・大きさ	なめらかにすりつぶしたポタージュ状→慣れてきたらベタベタのヨーグルト状に。	舌でつぶせる豆腐ぐらいのかたさに。野菜は指でつぶせるぐらいやわらかくゆでてみじん切りに。
1回あたりの目安の量	10倍がゆ  **炭水化物**（米・パン・麺・いも類） おかゆ　小さじ１～大さじ１ にんじん  **ビタミン・ミネラル**（野菜・果物） 野菜　小さじ１～５ 豆腐  **たんぱく質**（魚・肉・豆腐・卵など） 豆腐や魚　小さじ½～４	7倍がゆ  **炭水化物**（米・パン・麺・いも類） おかゆ　50～80ｇ にんじん  **ビタミン・ミネラル**（野菜・果物） 野菜　20～30ｇ 豆腐 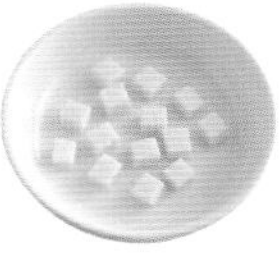 **たんぱく質**（魚・肉・豆腐・卵など） 魚・肉　10～15ｇ／豆腐30～40ｇ／卵黄１～全卵⅓ 乳製品50～70ｇ

カミカミ期（後期）
9～11か月

食べ物を前歯でかみ切り、左右の歯ぐきを使ってつぶしながら食べられるようになります。手づかみ食べへの意欲も出てくる時期です。

1日3回

午前10時ごろ／午後2時ごろ／午後6時ごろ

おっぱいは欲しがる分だけ与え、ミルクは1日2回程度。

60～70% 離乳食	30～40% おっぱい・ミルク

離乳食からとる栄養が増え、鉄が不足してくる時期。積極的に取り入れましょう。3回食となり、少しずつ家族と一緒に食卓を楽しめるように。

指でつぶせるバナナぐらいのかたさが最適。粗いみじん切りなどさまざまな食感を取り入れてかむ練習を。

5倍がゆ

炭水化物（米・パン・麺・いも類）
おかゆ　90g

にんじん

ビタミン・ミネラル（野菜・果物）
30～40g

豆腐

たんぱく質（魚・肉・豆腐・卵など）
魚・肉　15g／豆腐45g／全卵$\frac{1}{2}$／乳製品80g

パクパク期（完了期）
1歳～1歳6か月

手づかみ食べが盛んになる時期です。かじったり、かんだりが上手になり、次第にスプーンやフォークに興味をもつようになります。

1日3回＋おやつ1～2回

午前8時ごろ／正午ごろ／午後3時ごろ（おやつ）／午後6時ごろ

おっぱいは欲しがる分だけ与え、ミルクまたは牛乳は食欲に応じて与える。

80～90% 離乳食	10～20%おっぱい・ミルク

朝・昼・夜の規則正しい食事に加えて、補食としておやつを与えましょう。手づかみ食べやスプーンを使って、自分で食べる体験を育みます。

指で軽くつぶせる肉団子ぐらいのかたさに。手づかみできる大きさのものも取り入れましょう。

軟飯

炭水化物（米・パン・麺・いも類）
軟飯　90g

にんじん

ビタミン・ミネラル（野菜・果物）
40～50g

豆腐

たんぱく質（魚・肉・豆腐・卵など）
魚・肉　15～20g／豆腐50～55g／全卵$\frac{1}{2}$～$\frac{2}{3}$　乳製品100g

栄養について

赤ちゃんが元気に育つためにバランスよくとりたい３つの栄養素。ただし、意識するのは９か月ごろからでＯＫ。それまでは２～３日の中で調整できれば大丈夫です。まずは、食べることに慣れ、楽しい時間にすることを優先しましょう。

体を作るもとどなる筋肉や血、骨に働く

魚や肉、大豆製品（豆腐や納豆など）、乳製品（牛乳やチーズなど）に含まれる栄養素。ただし、動物性たんぱく質は消化に負担がかかるため、与える時期と目安量を守りましょう。

体や脳を動かすエネルギーのもと

ごはん、パン、麺、いも類などに含まれる栄養素。体や脳のエネルギー源として必要な糖質を多く含み、離乳食の主食に欠かせません。まずは無理なく吸収できるおかゆからスタート。

皮膚や粘膜を強くし、体の調子を整える

野菜や果物、海藻、きのこなどに含まれる栄養素。免疫力を高め、栄養の吸収を助けるビタミンと骨や歯を丈夫にする働きのミネラルは、副菜や汁物などで積極的にとりたい栄養素です。

この本の見方

各期のイベントレシピやベビーフード活用レシピ、アニバーサリーレシピ、おやつ以外のレシピは、基本的にフリージング食材のみで調理できます（調味料などを除く）。

フリージング食材リスト

1 作りやすい量がひと目でわかる写真付き！

2 わかりやすい作り方とフリージングのしかたを紹介。

3 フリージングした状態も写真でわかる！

フリージング食材レシピ

4 主食　主菜　副菜　おやつ

各期ごとにレシピを掲載（おやつはカミカミ期とパクパク期のみ）。自由に組み合わせてオリジナルの献立づくりを！

5 栄養素ごとに使用するフリージング食材を紹介。

- 7倍がゆ 1回分　オレンジ …炭水化物
- ささみ 10g　ピンク …たんぱく質
- さやいんげん 20g　グリーン …ビタミン・ミネラル
- 野菜スープ 大さじ1　水色 …和風だし・野菜スープ

6 作り方（解凍のしかたを含む）

調理後フリージングOK　フリージング食材を使わずに調理するレシピ。調理後に3回分フリージングできる分量です。

各期ごとの献立例は組み合わせのヒントに！

7 献立例

この本の決まり

- レシピの計量単位は、小さじ１＝５㎖、大さじ１＝15㎖、１カップ＝200㎖です。
- 電子レンジの加熱時間は、600ｗのときを基準にしています。500ｗの場合は1.2倍にしてください。器は電子レンジ対応の耐熱容器を使用してください（P.10）。
- オーブントースターの加熱時間は、1000ｗのときを基準にしています。
- 電子レンジとオーブントースターは、機種によって多少の違いが出るため、様子を見ながら調整してください。
- レシピの材料は１食分です。分量は、皮や種などを取り除いた可食部（食べられる部分）の重さを表しています。
- できあがり量が実際に与える量よりも多い場合は、適した目安量を参考にしてください。
- フリージングした「和風だし」「野菜スープ」は、キューブ１個＝大さじ１となります。それよりも少なく使用する場合は、あらかじめ解凍してから分量分のみ使ってください。
- 「水溶き片栗粉」は、片栗粉と水を１対３で混ぜ合わせたものです。
- 材料の「粉ミルク」は、市販の粉ミルクを既定の分量の湯で溶いたものです。
- 離乳食の進め方と目安量は、厚生労働省「授乳・離乳の支援ガイド」2019年改訂版をもとにしました。進め方などはあくまでも目安です。個人差があるため、赤ちゃんの成長に合わせて様子を見ながら対応してください。

和風だし　野菜スープ

調理の基本

基本的な調理法から、離乳食の下ごしらえに多く登場する調理のしかたを紹介。
慣れれば簡単なので、コツをつかんでチャレンジしましょう。

●ゆでる

にんじん、大根などの根菜類は輪切りにして水からゆで、葉物は熱湯で根元からゆでます。肉や魚は熱湯でゆでると、臭みやアクがとれます。

●つぶす・すりつぶす

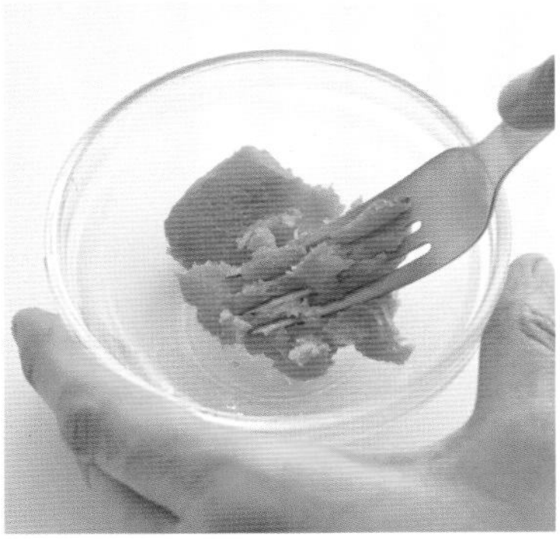

やわらかく調理した食材を熱いうちにスプーンやフォークでつぶします。すりばちを使ってもOK。つぶし加減は成長に合わせて調整しましょう。

●裏ごしする

茶こしにやわらかく調理した食材をスプーンで押しつけます。すりつぶしても繊維が残りやすい食材などは、よりなめらかに仕上がります。

●ほぐす

ゆでた魚や肉を食べやすくするため、手やフォークで身をくずします。筋や小骨などが残っていないか確認しながら行いましょう。

●すりおろす

ある程度かたさのある大根やりんごなどは、おろし器ですりおろすと食べやすくなります。水分が出て、ふんわりとした舌ざわりに。

●筋を取る

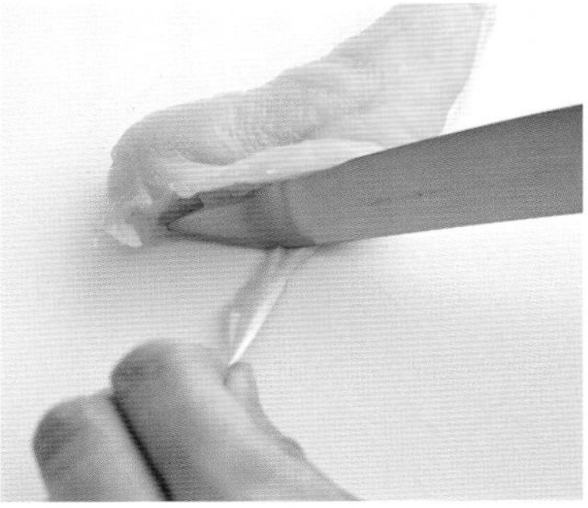

鶏のささみにある筋は、包丁の背を使って取り除きます。ゆでてからほぐして使う場合は、ほぐしながら取り除いてもよいです。

●切る・きざむ

食材や与える時期に合わせて、切り方や切る大きさを変えます。葉物はやわらかく調理したうえで繊維を断ち切るように縦、横に切ります。

みじん切りの目安

粗みじん切り…4 ～ 5mm
みじん切り…2 ～ 3mm
極みじん切り…1mm

●湯むきする

赤ちゃんには消化しにくいミニトマト（トマト）の薄皮は、熱湯で10秒ぐらいゆでてから氷水にとると、指で簡単にむくことができます。

●薄皮を取る

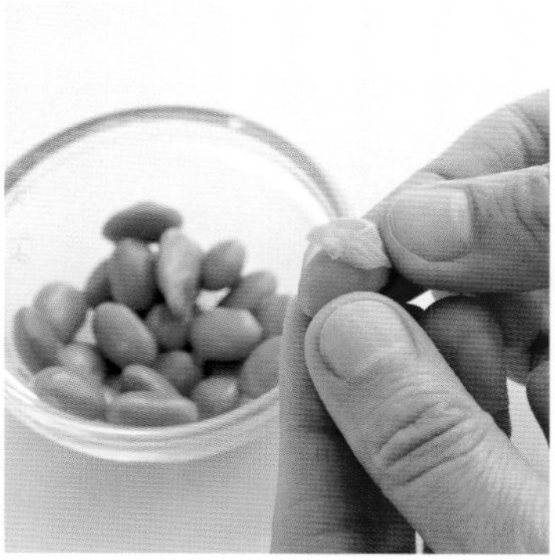

枝豆やとうもろこしなどの薄皮は、赤ちゃんにはゴックンしにくく、のどにつまらせる心配も。ひとつずつ手でしっかり取り除きましょう。

●塩抜きをする

しらすは、熱湯を注いで塩分を抜いてから使います。耐熱ボウルに水としらすを入れ、ラップをかけて電子レンジで加熱してもOK。

●だしでのばす

モソモソと舌ざわりがよくない野菜や、パサパサしがちな肉や魚は、湯やだし汁を加えてなめらかに。時期に応じて水分を調整しましょう。

●とろみをつける

片栗粉と水を１：３で混ぜ合わせた水溶き片栗粉でとろみをつけると、赤ちゃんが飲み込みやすくなります。ダマにならないようしっかり混ぜて。

電子レンジを使って 下ごしらえテク

「離乳食がんばろう！」と思いながら、いざ始めてみると準備や下ごしらえが大変に感じてしまうことも。
電子レンジを上手に使って、少しでも負担を減らしていきましょう。

◆かぼちゃやじゃがいもなど

これぐらいなら 1分！

これぐらいなら 2分！

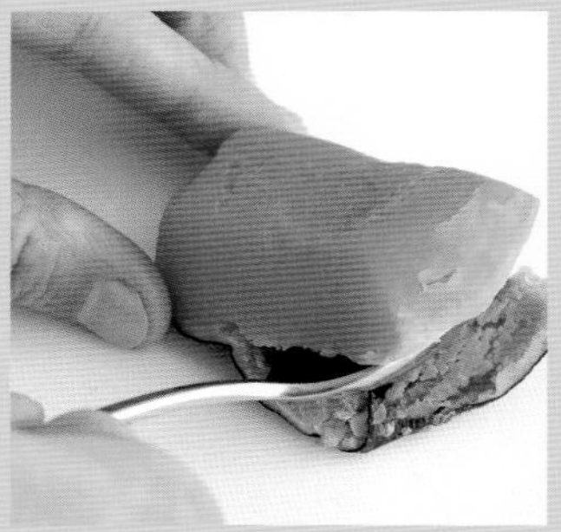

かぼちゃの場合、生だとかたくて切るのが手ごわい皮も、チンした後ならスプーンで簡単にとれます。

◆魚・肉

加熱するとパサついてしまいがちな魚や肉は、水をひとさじかけてから電子レンジへ。さらにふんわりとラップ（P.19）をすれば、ふっくらとやわらかな仕上がりになります。

電子レンジの加熱時間の目安

この本で使う電子レンジは600Wが基本のため、500Wの場合は、加熱時間を1.2倍してください。さらに加熱が必要なときは、10秒ずつ様子を見ながら行います。

600W	30秒	1分	1分30秒	2分30秒
500W	40秒	1分10秒	1分50秒	3分

フリージングに向かない食材

豆腐

冷凍すると水分が抜けてしまうため、豆腐特有のつるんとなめらかな舌ざわりが変化します。

卵

生のまま冷凍すると、黄身と白身が分離してしまいます。ゆで卵は水分が抜け、パサパサになります。

きゅうり

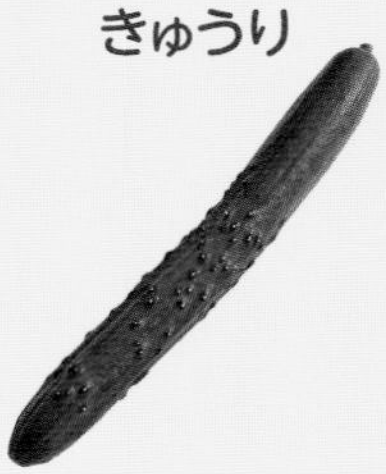

水分が多いため、そのまま冷凍するとポリポリした食感は失われ、ふにゃふにゃになってしまいます。

＊レシピではフリージングせずに使用。

離乳食にあると便利な アイテム

いつもの調理道具にプラスしておくと、離乳食がスムーズに作れるアイテムを紹介。
これらがセットになった便利な離乳食調理セットもあります。

小さい鍋・フライパン

耐熱容器（ボウル・皿など）

すり鉢・すりこぎ

計量カップ・計量スプーン

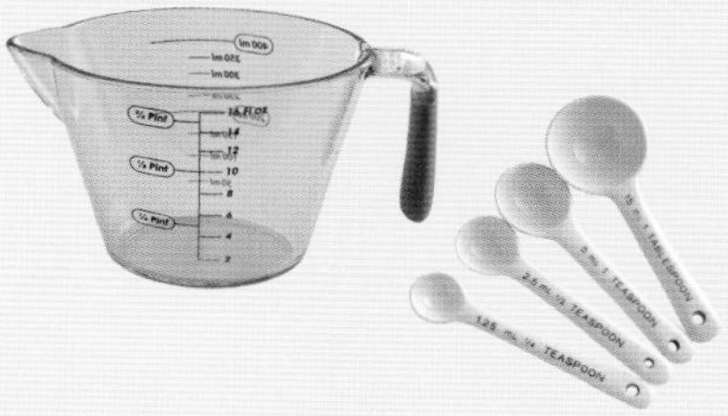

おろし器

こし器・ブレンダー

スケール

キッチンばさみ

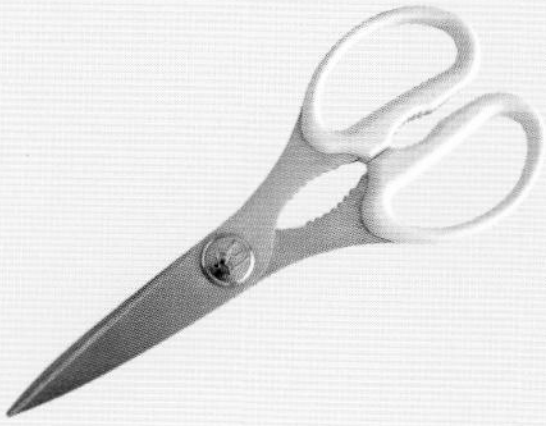

離乳食調理セット

ひと通りそろってる

フリージングにあると便利な アイテム

フリージング離乳食に欠かせないアイテム。冷凍用保存袋（フリーザーバッグ）の再利用は避け、
シリコンカップや冷凍用保存容器は丁寧に洗って清潔を心がけましょう。

冷凍用保存袋（フリーザーバッグ）

シリコンカップ

製氷器などの冷凍用保存容器

ラップ

食物アレルギー

**食物アレルギーへの対応や情報は数多くあふれています。
離乳食を始めるときは、必要以上に怖がらず、正しい知識と心構えでのぞみましょう。**

食物アレルギーは体を守る「免疫」が過剰に働くことで起きる反応のこと

私たちの体には、「免疫」といって細菌やウイルスなどの病原体から体を守るシステムがあります。食物アレルギーの場合は、特定の食べ物を食べたときにその免疫が過剰に働き、その食べ物（アレルギー症状の原因物質）を追い出そうとする刺激物質が体内に放出されることで起こります。体のさまざまなところに不快な症状が現れることを、アレルギー反応といいます。

◆主なアレルギーの症状

皮膚	じんましん／かゆみ／湿疹　など
粘膜（目・口・鼻・顔全体）	目の腫れ、かゆみ／唇の腫れ／口の中の違和感／鼻水　など
消化器	吐き気や嘔吐／腹痛／下痢　など
呼吸器	のどの違和感・かゆみ／胸が締め付けられる感じ／息が苦しい　など
神経系	頭痛／活気がなくなる／意識障害　など
全身	アナフィラキシーショック※

※複数の臓器に症状が現れ、じんましんや嘔吐、腹痛、ゼーゼーとした息苦しさなどの症状がでる反応のこと。
血圧の低下や意識障害を伴う場合や命にかかわる重い症状をアナフィラキシーショックという。

◆初めての食材はここに注意！

1日1回ひとさじから

初めての食材を食べさせるときは、病院が空いている平日の午前中の時間帯にしましょう。まずは、１日１回、少量から始めることが基本です。

赤ちゃんの様子を確認しながら

食べさせた後に赤ちゃんの様子をしっかり確認します。左の表のような状態が明らかだったり、軽い状態でも複数回見られるときには受診を。

◆食物アレルギーによくある質問

Q 予防法はありますか？

A ありません。食事制限は×

以前は「妊娠・授乳中に母親の食事を制限する」「離乳食の開始を遅らせる」とアレルギーにならないという説がありましたが、予防にはなりません。自己判断による食事制限は、成長期の栄養面に問題が生じる可能性もあります。

Q アレルギーのある食材を避ければ症状は出ませんか？

A 自己判断せず、不安なら医療機関を受診しましょう

避けても予防になりません。例えば卵なら、初期から固ゆでの黄身をごく少量与えてみましょう。ただし、離乳食開始前に湿疹が出るなど、アレルギーの症状が不安な場合は、医師に相談しましょう。

Q いつかは食べられるようになりますか？

A 小学校入学ごろまでに食べられる可能性は高いです

一般的に卵、牛乳、小麦は食べられるようになることが多く、平均して３歳までに約５割、６歳までに約７割が治るといわれています。一方で、ナッツ類や甲殻類などが原因の場合は治りづらいケースも。

原因となる食物は?

日常的に使用頻度の高い「卵・牛乳・小麦」は、食物アレルギーを引き起こす物質＝アレルゲンの中で全体の３分の２をしめています。新たにアレルギーを発症した原因の食材でも、0歳児は圧倒的に卵(鶏卵)、牛乳、小麦が多いですが、幼児以降はナッツ類やピーナッツ、果物や甲殻類が増える傾向にあります。

食物アレルギーのもととなる原因食

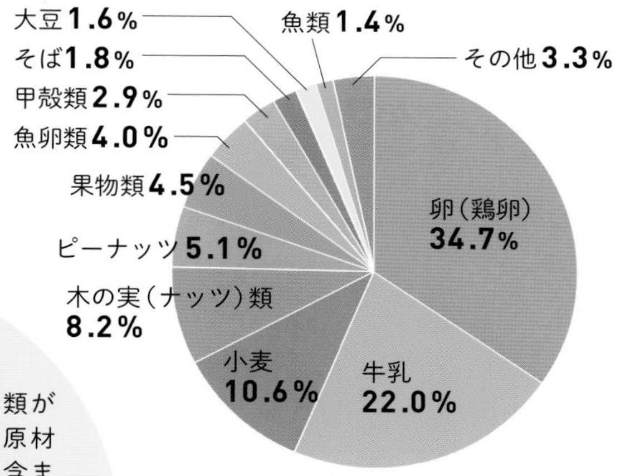

引用：今井孝成ほか、
アレルギー 2020.69.701-5より

牛乳

牛乳・乳製品は種類が多く、加工食品の原材料や食品添加物に含まれています。身近な食材が多いため、牛乳アレルギーの場合は医師や管理栄養士など専門家のアドバイスを受けましょう。

卵

卵黄よりも卵白が原因の場合が多く見られます。加熱することで症状が出にくくなるものの、火の通りが弱めなスクランブルエッグやかき玉汁などの調理法は注意が必要です。また、加工品にも多く含まれているので確認を。

小麦

卵のように加熱してもあまり症状は抑えられませんが、最近は小麦不使用の製品も増えているため、表示を確認しましょう。医師の指示がなければ、基本的に大麦が原料の麦茶を除去する必要はありません。

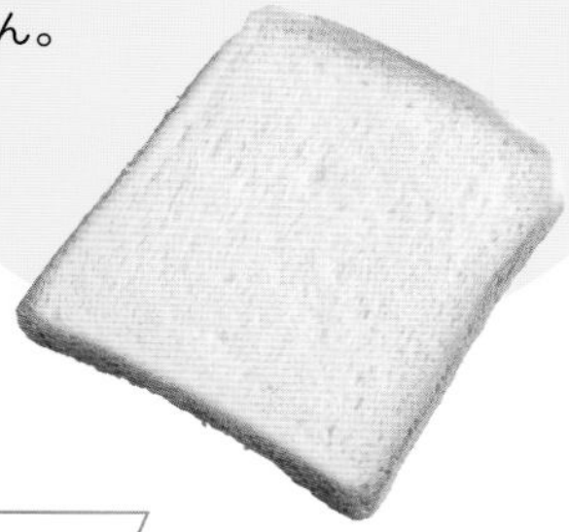

食物アレルギー以外にも気を付けたい食材

●生もの

刺身や寿司などの生ものは、消化しにくく、食中毒などの恐れもあるため、細菌への抵抗力が弱い赤ちゃんには避けたい食材。魚や肉、卵はしっかりと火を通してから与えましょう。

×刺身や寿司などの生魚
×ローストビーフ　など

●ハチミツ

ハチミツに含まれるボツリヌス菌は、乳児ボツリヌス症を発症する可能性があるため、内臓機能が未熟な１歳未満の赤ちゃんには与えません。通常の加熱や調理でも菌はなくならないので注意。

×ハチミツ　×黒糖・黒砂糖　など

●誤えんしやすい食材

かむ力が弱い赤ちゃんは、食べ物を喉に詰まらせる心配があります。かたい粒のナッツ類や弾力がある餅、こんにゃくゼリーなどは避けましょう。また、表面がつるつるしたぶどうやミニトマトは半分に切って与えて。

×ナッツ類　×餅
×ぶどう・ミニトマト　など

基本のおかゆ

おっぱいやミルク以外のものを初めて口にする赤ちゃんにとって、
消化のよいおかゆは離乳食の主食に最適。ごはんから手軽に作りましょう。

おかゆ　ごはんから鍋でつくる

材料
- 10倍がゆ（6回分）…ごはん40g、水1と¼カップ
- 7倍がゆ（5回分）…ごはん80g、水1と¾カップ
- 5倍がゆ（6回分）…ごはん240g、水3カップ

小さめの鍋が作りやすいよ

1 鍋にごはんと水を入れてふたをし、中火にかける。

2 沸騰したら弱火にし、20分煮て火を止め、ふたをしてそのまま30分蒸らす。

3 （10倍がゆの場合）すりこぎで2をなめらかにすりつぶす。
※冷凍する場合は、解凍後の食べさせる直前に行うのがポイント。

お米の場合
10倍がゆ（6回分）…米20g、水1カップ
7倍がゆ（6回分）…米30g、水1と¼カップ
5倍がゆ（6回分）…米100g、水3カップ
作り方は上記の12と同じ。

軟飯　ごはんから電子レンジでつくる

材料
- 軟飯(6回分)…ごはん320g、水2カップ

1 耐熱容器にごはんと水を入れて軽く混ぜる。ふんわりとラップをかけて、5分加熱したら一度混ぜて、さらに5分加熱する。

2 ラップをかけたまま20分蒸らす。

フリージングの方法

ゴックン期

10倍がゆ　製氷皿に入れて冷凍する。

モグモグ期

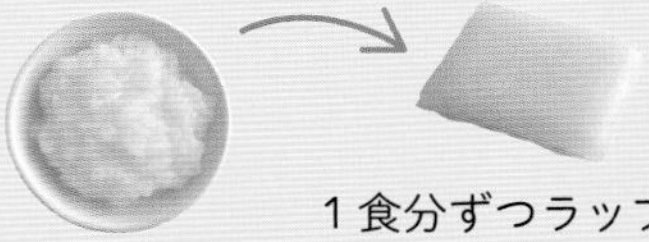

7倍がゆ　1食分ずつラップで包み、冷凍する。

カミカミ期

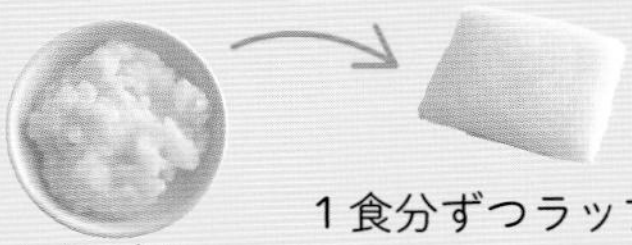

5倍がゆ　1食分ずつラップで包み、冷凍する。

パクパク期

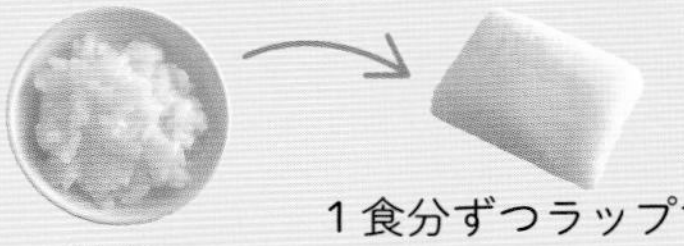

軟飯　1食分ずつラップで包み、冷凍する。

基本のだし・スープ

離乳食には欠かせない和風だしと野菜スープ。味付けをほとんどしなくても、素材のうま味が効いたおいしさに赤ちゃんもニッコリ。

和風だし　鍋でつくる

材料（できあがり量2カップ）
こんぶ1枚（5㎝四方）、
かつお節10g、水2カップ

茶こしの場合 耐熱容器にこんぶ1枚、かつお節5ｇを入れて、熱湯2カップを注ぐ。5～10分つけて茶こしでこしたら完成。

1
鍋に水と汚れをふいたこんぶを入れ、30分おいてから中火にかける。

2
煮立ったら、かつお節を加え、再び煮立ったら火を止める。

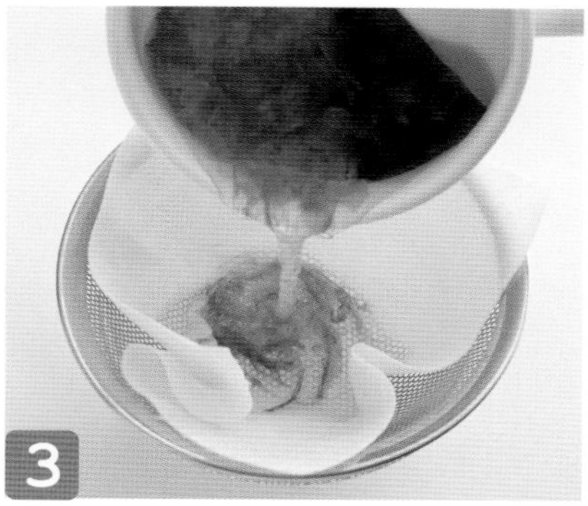

3
かつお節が沈んだら、キッチンペーパーを敷いたざるでこす。

野菜スープ　鍋でつくる

材料（できあがり量2カップ）
にんじん½本、キャベツ1枚、
水2カップ、かぶ1個

1
鍋に切った野菜と水を入れて中火にかける。沸騰したら弱火にして、野菜がやわらかくなるまで20分煮る。

2
キッチンペーパーを敷いたざるでこす。やわらかく煮た野菜は細かくきざんだり裏ごししたりして離乳食に使う。

製氷皿に入れてフリージング！

キューブ1個の量は
大さじ1

↓

冷凍後は取り出して、冷凍用保存袋に入れ替えると使いやすい！

【フリージングの基本】

細菌への抵抗力が弱い赤ちゃんも安心して食べられるフリージング離乳食。
フリージングのルールを守って、おいしい離乳食を作りましょう。

❶ 新鮮なうちに冷凍！

せっかく選んだ新鮮な食材も、すぐに調理しなければ鮮度が落ち、おいしさも栄養価も失われてしまいます。なるべく買ったその日に下ごしらえをして、冷凍するようにしましょう。

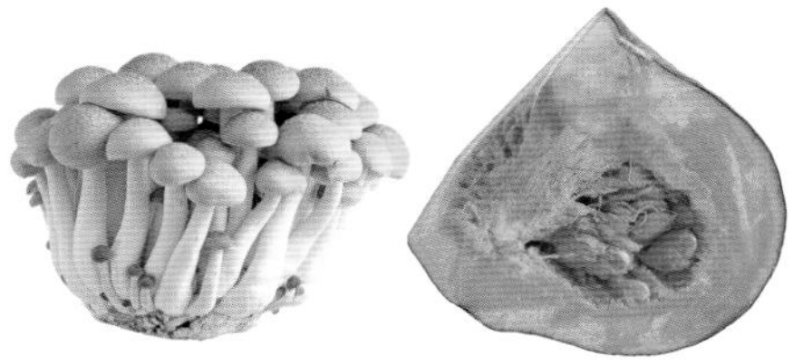

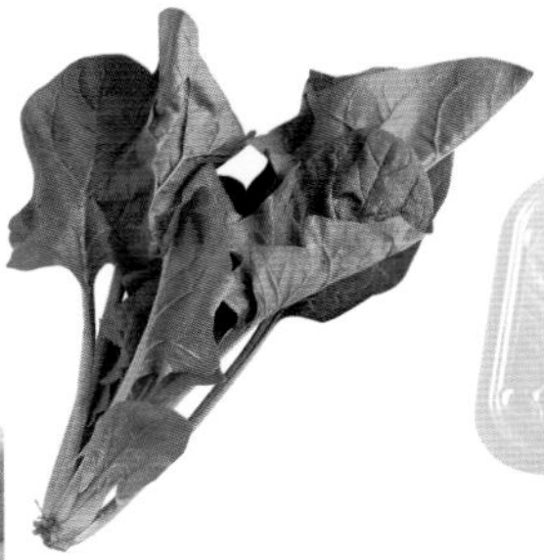

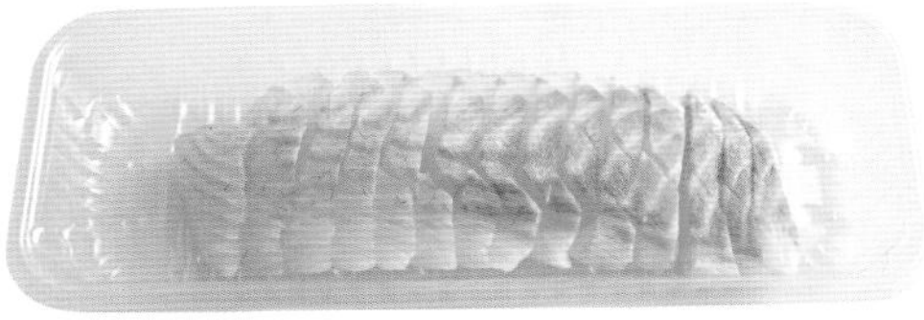

❷ 冷凍はしっかり冷ましてから！

加熱した食材がまだ温かいうちに冷凍すると、冷凍庫内の温度が上がり、他の食材を傷める原因に。細菌を繁殖させないためにも、しっかり粗熱をとってから冷凍しましょう。

注意！ ただし、ごはんだけは炊きたてを熱々のまま密閉し、冷凍を。解凍後のおいしさが違います。

❸ 冷凍保存は使いやすい状態で！

解凍するときに使いやすいように冷凍することが大切。１回分ずつラップに包む、冷凍用保存袋なら使いたい分だけパキパキ折れるように薄くのばして保存するなど工夫しましょう。

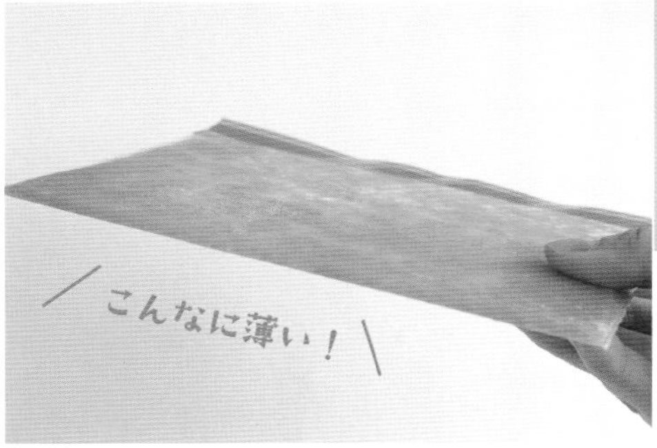

4 しっかり密閉！

冷凍保存がうまくいくコツは、空気に触れさせないこと。なるべく空気を抜いて、食材の酸化や味が落ちるのを防ぎましょう。ラップに包むときは、なるべく薄く、平らになるように包むと空気が抜けやすくなります。さらに冷凍用保存袋に入れて保存すると安心です。

ギュギュッと空気を出したら、すばやく閉じて！

5 1週間で使い切る！

冷凍保存する日数が長くなるほど、食材の劣化は進んでいきます。赤ちゃんは抵抗力が弱いので、１週間で使い切れる分量を冷凍しましょう。冷凍した日付や食材名を記入しておくと安心。どうしても余ってしまった場合は、離乳食には使わず、大人用の料理に加えるなどして食べましょう。

注意！ 一度解凍した食材が余り、まだ１週間経っていないから…と再冷凍するのはＮＧ。味や鮮度が落ち、細菌が繁殖しやすくなります。

6 清潔な調理器具で！

手を洗うことはもちろん、調理器具やフリージングに使うアイテムは清潔を保つよう心がけて。生魚や生肉と野菜などは使う包丁やまな板を分ける、こまめに熱湯消毒をする、など注意が大切です。また、冷凍用保存袋を洗って再利用するのは、衛生上避けるようにしましょう。

包丁やまな板は
こまめに熱湯消毒を

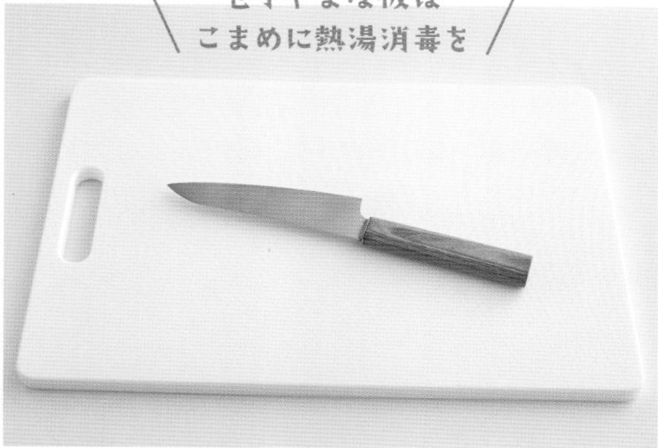

ラップの包み方

ラップの上下と平行に食材を置き、左右上下に包むのが○。包装紙のようにひし型に置いて包むと、ラップを外すときに角がわかりにくくなってしまいます。

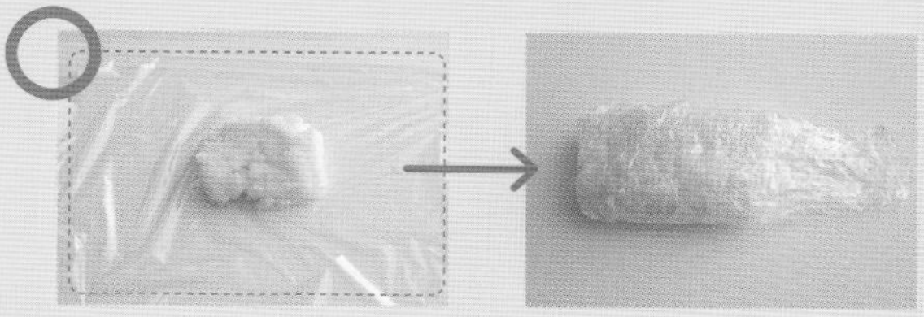

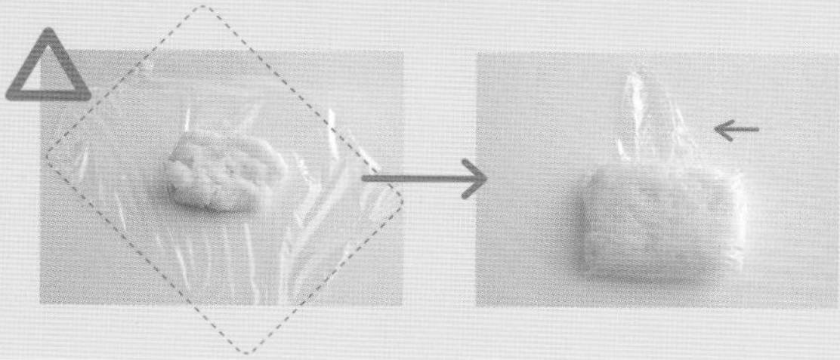

解凍の基本

せっかく冷凍した食材も解凍のしかた次第ではおいしさに変化が…。
抵抗力の弱い赤ちゃんのために、安心＆おいしく食べられる解凍のコツを紹介します。

1 1回分だけ素早く取り出そう

数回分の食材を冷凍した場合、解凍するときは使う分量だけを取り出します。大切なのはスピード。放置して室温で解凍されないよう、素早く取り出し、残りは素早く冷凍庫に戻しましょう。解凍した食材の再冷凍はＮＧです。

手で触れずに菜箸やスプーンを使って

2 凍ったまま加熱

冷蔵庫や室温で時間をかけて自然解凍をすると、溶けた水分で食材が水っぽくなり、おいしさや栄養が失われがち。また、細菌が発生する可能性もあります。食べる直前に凍った状態のまま、電子レンジや鍋で一気加熱するのがおいしく解凍できるコツです。

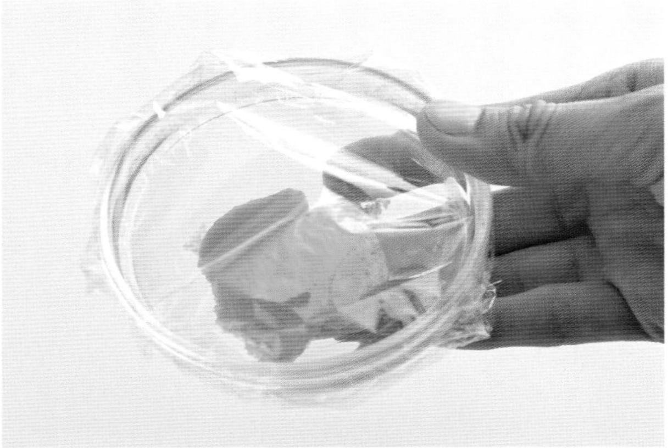

3 水を加えてから加熱

離乳食は食材が少量のため、電子レンジで加熱すると水分が蒸発してパサついた食感になることもあります。電子レンジで加熱するときは、水をひとさじ程度足しましょう。だしやスープでもＯＫです。また、小鍋の場合は水分量を増やして煮るとふっくら仕上がります。

4 空気の通るすき間をつくろう

電子レンジで加熱するときに、空気の通り道がない状態だと爆発してしまう恐れがあります。耐熱容器にラップをする場合はふんわりとかける、保存容器ならふたをずらすなど、すき間をつくる意識をしましょう。

ぴっちりでなく
ふんわりとかけて安心！

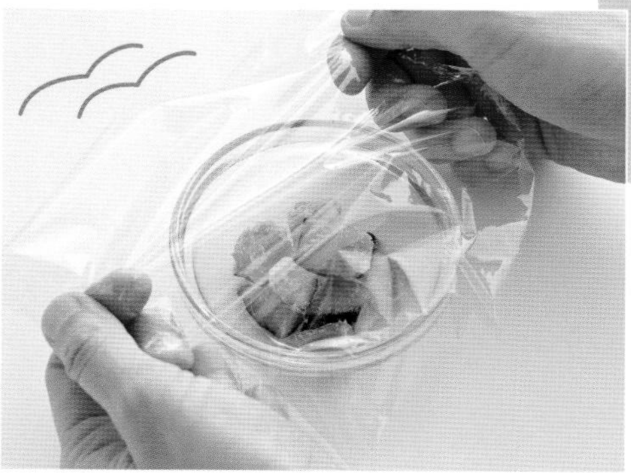

包んだラップは左右を開いて
空気を通しながら

5 加熱後はムラなく混ぜよう

電子レンジで加熱すると、どうしてもムラができやすくなります。加熱後はやけどに注意しながら、スプーンなどで全体をかき混ぜましょう。冷たいところがあったら、様子を見て10秒ずつ加熱を。

注意！ 耐熱の器で加熱してそのまま与えるときは、必ず赤ちゃんに適した温度か確かめましょう。熱い部分を与えてしまい、口の中をやけどしてしまう事故につながる恐れも。

6 冷ます間もラップを忘れずに

食材を解凍・加熱した後は、赤ちゃんが食べられる温度にラップをかけたまま冷まします。ラップを外して冷ましたときよりも、水分を保ったまま蒸らした状態になるため、ふんわりとした食感に仕上げることができます。ただし、夏場や暑い室内の場合は、置く時間に気をつけましょう。

夏場は放置しないよう
気を付けて！

食材の基本

下ごしらえ&フリージングのしかた

離乳食の時期ごとに定番の食材の下ごしらえ＆フリージングのしかたをご紹介。無理せず、やりやすい方法を見つけましょう。

食パン

耳を切り落とした食パンを用意（サンドイッチ用ならそのまま使用してＯＫ）。

煮る

鍋に細かくちぎった食パンと水を入れる。中火にかけて、やわらかくなるまで煮る。

すりつぶす

とろとろになるまですりつぶす。

そのまま与える

食べづらそうなら、すりつぶして調整する。

切る

時期にあった大きさに切る。

ゴックン期
5～6か月ごろ

10倍がゆに慣れてきたゴックン期後半から。製氷皿で冷凍する。

モグモグ期
7～8か月ごろ

くたくたに煮る。製氷皿、または１回分ずつラップに包んで冷凍する。

カミカミ期
9～11か月ごろ

切ってそのまま冷凍用保存袋に入れて冷凍する。スティック状でもＯＫ。

パクパク期
1歳～1歳6か月ごろ

手づかみしやすく切って冷凍用保存袋に入れて冷凍。軽くトーストもＯＫ。

うどん

ゆでうどんが使いやすくておすすめ。ゆでる前に切ると、包丁にくっついて切りにくいため、ゆでてから切りましょう。

くたくたになるまで煮る！

ゆでる

鍋に水を入れて沸騰させ、ゆでうどんを入れて15分以上やわらかくなるまで煮る。

すりつぶす

湯を加えてのばしながら、とろとろにすりつぶす。

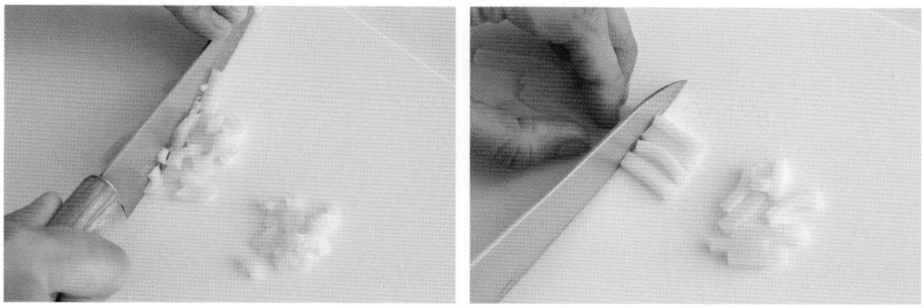

きざむ・切る

時期にあった大きさに切る。

ゴックン期
5～6か月ごろ

10倍がゆに慣れてきてから食べさせる。製氷皿で冷凍する。

モグモグ期
7～8か月ごろ

くたくたに煮てみじん切り。1回分ずつラップに包んで冷凍する。

カミカミ期
9～11か月ごろ

1cmの長さに切る。1回分ずつラップに包んで冷凍する。

パクパク期
1歳～1歳6か月ごろ

2cmの長さに切る。1回分ずつラップに包んで冷凍する。

さつまいも

甘味があって赤ちゃんに人気。食べやすいように皮を厚めにむき、水にさらしてから使います。

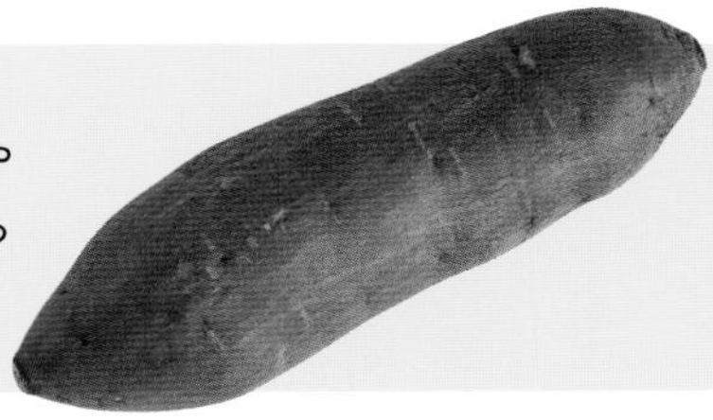

鍋でゆでる場合は、水からゆでて！

電子レンジで加熱

皮を厚めにむいて輪切りに。ふんわりとラップをかけて2分加熱。指でかんたんにつぶせるやわらかさに。

電子レンジで加熱

皮を厚めにむいてスティック状に切る。ふんわりとラップをかけて2分加熱する。

すりつぶす

湯を加えてのばしながらすりつぶし、ペースト状にする。

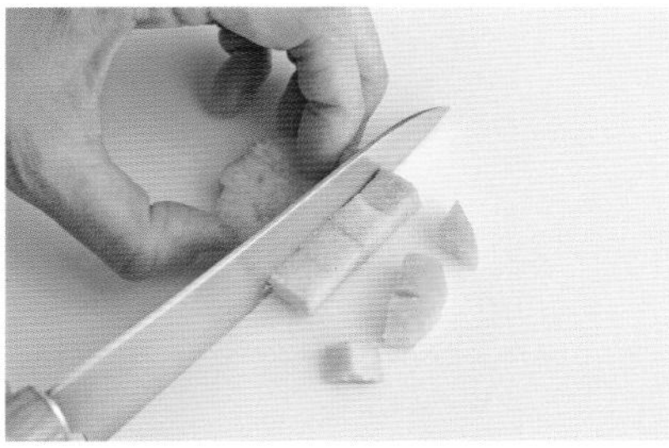

切る

時期にあった大きさに切る。

ゴックン期

5～6か月ごろ

10倍がゆに慣れてきてから。冷凍用保存袋に入れて冷凍する。

モグモグ期

7～8か月ごろ

5㎜角に切る。大きいようならつぶす、みじん切りで調整を。

カミカミ期

9～11か月ごろ

1㎝角に切る。冷凍用保存袋に入れて冷凍する。

パクパク期

1歳～1歳6か月ごろ

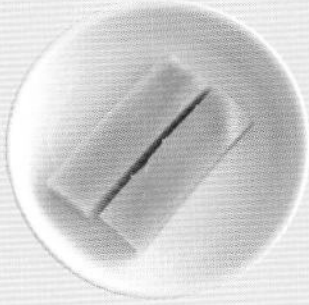

1㎝×3㎝ぐらいのスティック状に切る。冷凍用保存袋に入れて冷凍する。

ささみ

脂肪が少なく、赤ちゃんが初めて食べる肉類にぴったり。筋や皮、脂肪を取り除いて食べやすくします。

鍋でゆでたときは、ゆで汁につけたまま冷ましてやわらかく！

電子レンジで加熱

筋などを取り除き、指で軽くほぐす。ふんわりとラップをかけて1分30秒加熱する。

パサつきやすいので、食べる直前にすりつぶして

すりつぶす

湯を加えてのばしながら、すりつぶす。

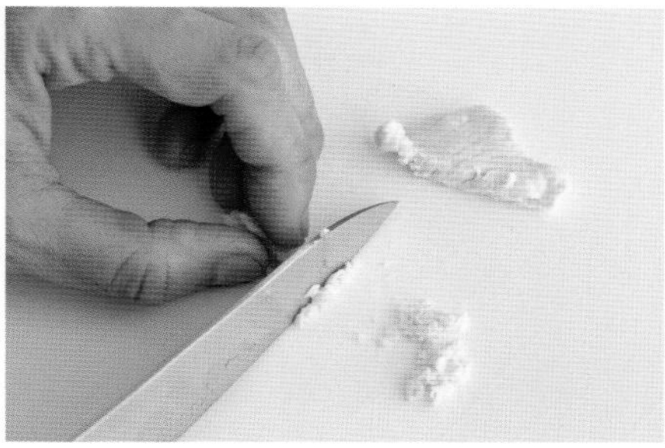

きざむ・切る

時期にあった大きさに切る。

ゴックン期
5～6か月ごろ

与えてはダメ。豆腐や白身魚に慣れてから。

モグモグ期
7～8か月ごろ

すりつぶした状態のものをラップに包んで冷凍。

カミカミ期
9～11か月ごろ

細かくきざむ。冷凍用保存袋に入れて冷凍する。

パクパク期
1歳～1歳6か月ごろ

5㎜大に切る。冷凍用保存袋に入れて冷凍する。

にんじん

ゴックン期から食べられる定番食材。細かく切ってから調理するとやわらかくなりにくいため、大きめに切って使います。

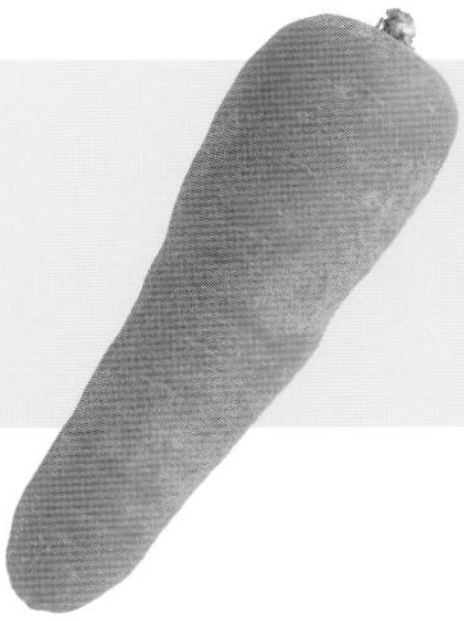

小さく切りすぎるとおいしさが逃げる！

ゆでる

皮をむき、1㎝ぐらいの輪切りにします。根菜類は水からゆでて、やわらかく。

すりつぶす

湯を加えてのばしながらすりつぶし、ペースト状にする。

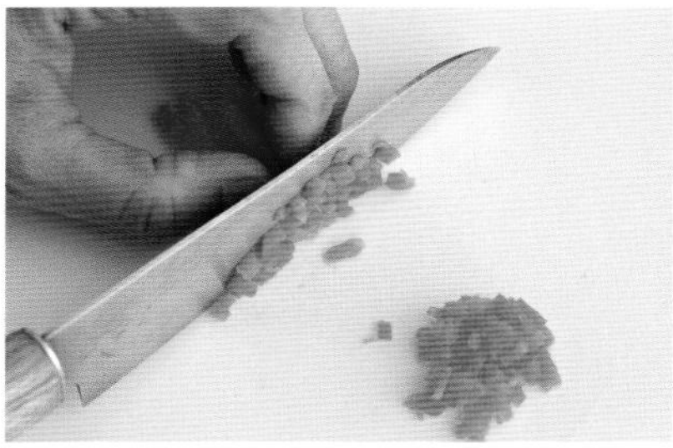

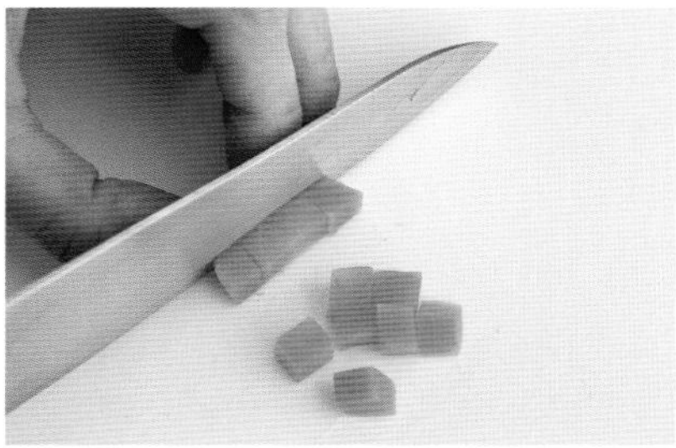

きざむ・切る

時期にあった大きさに切る。

ゴックン期

5～6か月ごろ

ペースト状にして、冷凍用保存袋に入れて冷凍する。

モグモグ期

7～8か月ごろ

みじん切りにして、冷凍用保存袋に入れて冷凍する。

カミカミ期

9～11か月ごろ

粗みじん切りにして、冷凍用保存袋に入れて冷凍する。

パクパク期

1歳～1歳6か月ごろ

7㎜角に切る。冷凍用保存袋に入れて冷凍する。

ほうれん草・小松菜

カミカミ期までは、かたい茎を取り除き、葉先のみを食べさせます。歯ざわりよく繊維を断つように下ごしらえを。

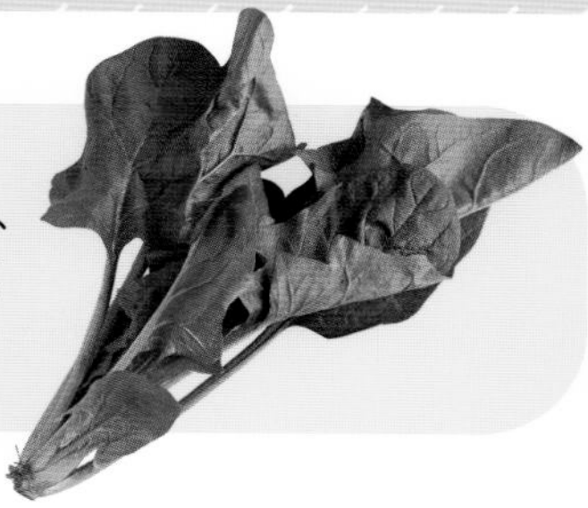

ゴックン期・モグモグ期は葉先のみ！

ゆでる

熱湯でやわらかくゆでる。カミカミ期以降は茎を先につけてから葉先を入れるようにする。

ほうれん草のみ！

水にさらす

ゆでた後、水につけてアクを抜く。小松菜はアクが少ないのでアク抜き不要。

すりつぶす

水けをきってすりつぶし、湯でのばしながらペースト状にする。

きざむ・切る

水けをきって、時期にあった大きさに切る。

ゴックン期
5～6か月ごろ

ペースト状にして、冷凍用保存袋に入れて冷凍する。

モグモグ期
7～8か月ごろ

みじん切りにして、冷凍用保存袋に入れて冷凍する。

カミカミ期
9～11か月ごろ

粗みじん切りにして、冷凍用保存袋に入れて冷凍する。

パクパク期
1歳～1歳6か月ごろ

5㎜大に切る。冷凍用保存袋に入れて冷凍する。

時期別 食べてもOK・NG食材リスト

離乳食で出番の多い食材や「大人にとっては身近だけど、赤ちゃんにはどうかな？」という食材をリストにまとめました。ぜひ参考にしてください。

			ゴ	モ	カ	パ	
炭水化物	米・パン類	ごはん（白米）	○	○	○	○	10倍、7倍、5倍、軟飯と時期に合わせて水分量ややわらかさの調整を。
		玄米	×	×	×	△	白米よりも消化吸収がよくないため、完了期以降によくつぶして与えて。
		食パン	○	○	○	○	おかゆに慣れたら与えましょう。小麦粉が原料のため、アレルギーに注意。
		ロールパン	△	△	○	○	脂質が多いため、中期までは茶色い部分を取り除いて少量をパンがゆで。
		もち	×	×	×	×	かみ切りにくいため、のどに詰まる危険が。幼児期以降に与えましょう。
	麺類	うどん（ゆで・乾麺）	○	○	○	○	初めはやわらかくゆでてペースト状にすりつぶしましょう。小麦粉が原料。
		そうめん・冷や麦	○	○	○	○	塩分が多いので、ゆでたら水でよく洗いましょう。小麦粉が原料。
		スパゲッティ	×	△	○	○	弾力があるので、塩を加えず、やわらかくゆでます。小麦粉が原料。
		マカロニ	×	△	○	○	やわらかくゆでて食べやすく。弾力の強いタイプは避けましょう。小麦粉が原料。
		ビーフン	×	×	△	○	熱湯でやわらかくもどしてから食べやすい大きさに刻んで。米が原料。
		中華麺（焼きそば麺・乾麺）	×	×	△	○	消化しづらいので後期になってから。焼きそば麺は湯どおしして油を切って。
		春雨	×	×	△	○	後期はまだかみ切りにくいため、注意が必要。じゃがいもや豆が原料。
		そば	×	×	×	×	アレルギーの心配があるため、1歳半をすぎて少量から様子を見ましょう。
	その他	じゃがいも	○	○	○	○	10倍がゆに慣れたら与えたい調理しやすい食材。とろみづけにもOK。
		さつまいも	○	○	○	○	甘味があって赤ちゃんが好きな食材。皮は厚めにむいて食べやすくしましょう。
		長いも	×	△	○	○	かぶれやすいので、与えるときは少量を必ず加熱してから与えましょう。
		さといも	×	○	○	○	やわらかく加熱するとつぶしやすくなります。かゆみ成分に注意して。
		こんにゃく	×	×	×	×	弾力があってかみ切りにくく、のどに詰まらせる危険が。避けるのがベスト。
		片栗粉（水溶き片栗粉）	○	○	○	○	いも類などのでんぷんを粉末状にしたもの。とろみをつけたいときに最適。
		小麦粉	○	○	○	○	ささみなど加熱する前につけるとしっとりした仕上がりに。アレルギーに注意。
		わんたんの皮	×	×	△	○	ゆでた皮はつるんとのどに入りやすいので小さく切ります。
		コーンフレーク	×	○	○	○	かたいのでくだくか、よくふやかしてから使います。プレーンタイプを選んで。
		オートミール	○	○	○	○	オーツ麦を加工したもの。水やミルクでとろとろに煮て使いましょう。
ビタミン・ミネラル	野菜	にんじん	○	○	○	○	甘味があり、はじめて食べる野菜にぴったり。やわらかくゆでてつぶして。
		かぼちゃ	○	○	○	○	電子レンジの調理が便利。加熱するとやわらかくなり、甘味があって食べやすい。
		トマト・ミニトマト	○	○	○	○	完了期までは皮と種を取り除きます。ミニトマトは必ずカットして与えます。
		トマト水煮缶（カット・ホール）	○	○	○	○	調理しやすく便利。塩分が入っていない、無添加のものを選びましょう。
		ほうれん草	○	○	○	○	鉄分が豊富。中期まではやわらかい葉先をゆでて、アク抜きをしっかりと。
		小松菜	○	○	○	○	栄養価の高い葉野菜。後期からはやわらかくゆでれば茎も食べてOK。
		チンゲン菜	△	△	○	○	葉先は繊維を断ち切るようにきざんでやわらかくすりつぶして与えましょう。
		パプリカ、ピーマン	×	△	○	○	皮を取り除いて食べやすく。パプリカに慣れてからピーマンを与えて。
		ブロッコリー、カリフラワー	○	○	○	○	中期まではやわらかくゆでて花蕾の部分をみじん切りに。栄養価の高い食材。
		キャベツ	○	○	○	○	繊維のある芯の周りは避けて葉先を使いましょう。加熱すると甘味がアップ。
		白菜	○	○	○	○	味にくせのない冬野菜。葉先をゆでてすりつぶせば初期から与えられます。
		玉ねぎ	○	○	○	○	加熱すると甘味が出る食材。やわらかくゆでてなめらかにすりつぶして。
		長ねぎ、万能ねぎ	×	△	○	○	香りが強く、独特のからみがあります。かみづらいため、後期以降がおすすめ。
		大根、かぶ	○	○	○	○	皮は厚めにむいて煮ると甘味が出ます。時期に合った大きさにして与えて。
		大根の葉、かぶの葉	×	○	○	○	葉先のやわらかい部分はゆでてすりつぶせば中期からOK。

リストの見方

- **ゴ** ゴックン期（初期）5〜6か月
- **モ** モグモグ期（中期）7〜8か月
- **カ** カミカミ期（後期）9〜11か月
- **パ** パクパク期（完了期）1歳〜1歳6か月

○…食べさせてOKなもの
△…注意すれば食べさせてもOKなもの
×…まだ食べさせるのはNGなもの

			ゴ	モ	カ	パ	
		コーンクリーム缶	○	○	○	○	クリーム缶の場合、下ごしらえは不要。塩分や添加物が入っていないものを。
		とうもろこし（ホールコーン缶）	○	○	○	○	薄皮は必ず取り除いてから調理します。ホール缶は塩分が入っていないものを。
		さやいんげん	×	○	○	○	最近は筋のないものも多いので、確認してからやわらかくゆでて与えましょう。
		絹さや	×	○	○	○	食物繊維が多く、消化しにくいので中期以降から。へたと筋は取り除いて。
		スナップえんどう	×	○	○	○	豆がのどにつまりやすいので、必ず細かくきざんで与えましょう。
		ズッキーニ	×	○	○	○	低カロリーでヘルシーなかぼちゃの仲間。やわらかくて食べやすい夏野菜です。
		枝豆	○	○	○	○	薄皮は必ずむいてから。のどに詰まらないよう、初期はすりつぶして与えます。
		もやし	×	×	○	○	加熱してもある程度の歯ごたえが残ります。ひげ根は必ず取り除いて与えて。
		なす	△	○	○	○	皮がかたいので必ずむいてからやわらかく加熱します。
		きゅうり	△	○	○	○	ほぼ水分なので冷凍には不向き。皮をむき、すりおろすなどして調理を。
		レタス	△	○	○	○	生ではなく、加熱して与えましょう。白菜やキャベツに慣れてからがおすすめ。
		グリーンアスパラガス	×	○	○	○	消化しにくいので、中期以降から与えます。軸の部分はかたいので取り除いて。
		オクラ	×	○	○	○	舌でつぶせる中期以降から。こすり洗いをして産毛を取り、やわらかくゆでます。
		れんこん	×	×	△	○	水にさらしてアク抜きが必要。すりおろしして使えば後期からでもOK。
		ごぼう	×	×	△	○	食物繊維が豊富な一方で、消化しにくいため、後期以降に与えましょう。
		たけのこ（水煮）	×	×	×	△	えぐみがあるため、アク抜きをしっかりと。完了期以降から与えましょう。
		にら	×	△	○	○	筋が多く、きざみにくいのでやわらかくなるまでしっかりゆでて調理します。
		しいたけ	×	×	△	○	食物繊維が豊富で特有の風味も。石づきをしっかり取り除いてから調理を。
		しめじ	×	×	△	○	歯ぐきでつぶせるようになった時期からみじん切りにして与えましょう。
		まいたけ	×	×	△	○	シャキシャキした食感と歯ごたえがあるため、後期以降がおすすめ。
		にんにく、しょうが	×	×	△	△	からみなどの刺激が強く、独特の風味が特徴。臭み取り程度に少量の使用を。
	果物	バナナ	○	○	○	○	甘くてやわらかいため、つぶしてそのまま食べさせることができます。
		りんご	○	○	○	○	初期は必ずすりつぶしてから。酸味が少なく、みずみずしいので離乳食に最適。
		いちご	○	○	○	○	裏ごしすれば初期からでもOK。手づかみでも食べやすい大きさ。
		キウイ	×	○	○	○	アレルギーの心配があるため、最初は少量を様子を見ながら与えて。
		フルーツ（缶詰）	×	×	△	○	糖分が多いので、たまに食べさせる場合はシロップをきって水洗いしてから。
		アボカド	×	×	△	△	やわらかくて食べやすいが、脂質が多いので注意。後期以降にごく少量から。
	海藻類	青のり	×	○	○	○	ミネラルが豊富な食材。粉末状のため、与えるときは必ず湿らせてから。
		焼きのり	×	△	○	○	口の中やのどにくっつかないよう、小さくちぎって与えます。味付きは×。
		ひじき	×	×	○	○	食物繊維やミネラルが豊富。やわらかくもどして細かくきざんで与えます。
		わかめ	×	△	○	○	やわらかく調理して食べやすくしましょう。塩分の少ない乾燥わかめがおすすめ。
たんぱく質	大豆製品	豆腐（絹ごし・木綿）	○	○	○	○	消化がよく食べやすい初期から活躍する食材。初めはなめらかな絹ごし豆腐から。
		無調整豆乳	×	△	○	○	加熱して調理に使用する程度から始めて。そのまま飲ませるのは完了期以降に。
		きな粉	△	○	○	○	大豆を粉状にしたもの。むせやすいので、必ず湿らせて少量から与えましょう。
		高野豆腐	×	○	○	○	豆腐を凍結乾燥させたもの。栄養価が高く、すりおろして使うと調理しやすい。
		納豆（ひきわり）	×	○	○	○	細かくきざむかひきわりタイプを選んで。熱湯をかけて殺菌消毒すると安心。
		大豆（ドライパック・蒸し大豆）	△	○	○	○	薄皮はしっかり取り除き、やわらかく煮て、きざんで誤えんを防ぎましょう。
		油揚げ、厚揚げ	×	×	×	○	脂質が多く、消化しにくいため、完了期から使用する場合は、必ず湯通しを。

		ゴ	モ	カ	パ	
大豆製品	おから	×	×	×	○	カルシウムが豊富。パサつくので水分を多めに調理し、湿らせてから与えて。
乳製品	プレーンヨーグルト（無糖）	○	○	○	○	消化がよく、加熱しなくても使用できます。離乳食では無糖タイプを選んで。
	生クリーム	×	×	×	△	植物性のものは×。脂質が多いため、完了期以降にごく少量から与えましょう。
	牛乳	△	○	○	○	完了期までは加熱して調理で使用する程度。そのまま飲ませるのは1歳以降に。
	カッテージチーズ	×	○	○	○	チーズの中では脂質と塩分が少なく、高たんぱく。ただし、与えすぎには注意。
	クリームチーズ	×	×	○	○	脂質や塩分が多いため、与えるときは少量から。他の食材の風味づけにも。
	ピザ用チーズ	×	×	○	○	脂質や塩分を多く含む。量を食べさせすぎないよう、後期以降に加熱してから。
	プロセスチーズ（スライスチーズ）	×	×	○	○	脂質や塩分を多く含む。うま味があり、赤ちゃんも好む味だが、与えすぎに注意。
	粉チーズ	×	△	○	○	粉状で少量ずつ使いやすく、離乳食向きの食材。脂質や塩分が多いので少量を。
	粉ミルク	○	○	○	○	赤ちゃんが慣れ親しんだ味。分量の湯で溶かして食材に混ぜるなど使いやすく。
たまご	卵黄	○	○	○	○	アレルギーの心配があるので、初期はしっかり火を通したかたゆで卵の黄身から。
	卵白	×	○	○	○	卵黄よりもアレルギーが出やすいので注意。まずは卵黄に慣れてから少しずつ。
	温泉卵、半熟卵	×	×	×	×	完全に火が通っていないので、3歳までは慎重に。市販品は×。
魚介類	たい	○	○	○	○	淡白な味で、脂質も少なめ。離乳食で与える初めての魚にぴったり。
	カレイ、ひらめ	○	○	○	○	低脂肪で初期から使いやすい食材。ただし、骨が多いので刺身用が便利。
	さわら	×	×	○	○	脂肪分があるため、たいやカレイなどの白身魚に慣れてから始めましょう。
	たら	○	○	○	○	手に入りやすく、食べさせやすい白身魚。アレルギーの心配があるので注意を。
	生鮭	×	○	○	○	脂質が多く、たいなどの淡白な白身魚に慣れてから与えましょう。
	塩鮭	×	×	×	×	塩分が多いので、離乳食で使う場合は生鮭を選びましょう。
	サーモン	×	△	○	○	鮭よりも脂肪分が多いので、中期後半以降に、ゆでてからの調理がおすすめ。
	まぐろ、かつお	×	△	○	○	まぐろはトロではなく、赤身を選んで。かつおは血合いを取り除いて調理。
	めかじき	×	△	○	○	骨がなく、調理しやすいが、加熱するとかたくなるので白身魚に慣れてから。
	いわし、さんま	×	×	△	○	脂質が多いため後期から少しずつ。小骨が多いので、注意して丁寧に取り除いて。
	ぶり	×	△	○	○	脂質が多い青魚。加熱するとかたくなるので、慣れるまでは血合いを取り除いて。
	さば	×	×	○	○	アレルギーの恐れがあるので、少量を注意しながら。塩さばは避けましょう。
	ほたて	×	×	△	○	しっかり加熱して少量から与えます。かみ切りにくいので、食べやすく切って。
	かき	×	×	○	○	栄養価が高いが、食中毒の恐れがあるので注意が必要。しっかり火を通して。
	あさり	×	×	×	○	加熱するとかたくなるので、細かくきざんで与えます。調理前は砂抜きを。
	いくら、うに	×	×	×	×	塩分が多く、アレルギーの心配もあるので避けましょう。生食は絶対にNG！
	いか、たこ	×	×	×	×	弾力が強く、かみ切りにくいので3歳児以降に与えましょう。
	えび、かに	×	×	△	○	身がしっかりしていて、消化しにくい。アレルギーの心配もあるので注意。
	刺身（生魚）	×	×	×	×	抵抗力がまだ弱く、生で食べると食中毒などの恐れも。2歳以降に新鮮なものを。
魚介加工品	しらす	○	○	○	○	離乳食で与えやすい食材。熱湯をかけて塩抜きをしてから使いましょう。
	ちりめんじゃこ	○	○	○	○	しらすよりもさらに乾燥させてあるため、やわらかくゆでてから使います。
	かつお節	×	○	○	○	だし汁としてなら初期からOK。調理に使う場合は、細かくくだいてから。
	ツナ缶（水煮）	×	△	○	○	脂肪分を多く含むまぐろやかつおが原料。中期までは熱湯をかけて塩抜きを。
	ツナ缶（オイル漬け）	×	△	△	○	水煮缶よりも油が多いため、完了期まではしっかりと油・塩抜きが必要。
	桜えび	×	×	△	○	味付けのアクセントに。かたいので、細かくきざんでから使用しましょう。
	鮭フレーク	×	×	×	○	塩分や添加物が含まれているので、食べさせるときは少量から与えて。
	干物	×	×	×	△	塩分が多いのでなるべく避けましょう。生の魚を調理するようにして。
	ちくわ、かまぼこ	×	×	×	△	弾力があり、かみ切りにくいので完了期以降に。塩分や添加物も含まれています。
	はんぺん	×	×	×	○	塩分が多いので添加物の少ないものを選んで。卵白によるアレルギーにも注意。
	さつまあげ	×	×	×	△	塩分や添加物が含まれているので、食べさせるときは少量から与えて。

			ゴ	モ	カ	パ	
	魚介加工品	魚肉ソーセージ	×	×	×	×	やわらかく、食べやすい一方で、塩分や添加物が多いので離乳食では避けて。
		かに風味かまぼこ	×	×	×	△	かみ切りにくく、添加物も多く含まれているので、1歳すぎの使用がおすすめ。
		たらこ	×	×	×	△	塩分が多いので、与えるときは少量を加熱してから。明太子はNG。
	肉	鶏ささみ	×	○	○	○	脂肪が少なく、消化しやすいので初めての肉類に最適。筋は取り除いてから。
		鶏むね肉、鶏もも肉	×	△	○	○	脂肪や繊維が多いので、鶏ささみに慣れてから。筋や皮、脂肪は取り除いて。
		鶏ひき肉	×	○	○	○	牛や豚より消化しやすく、すりつぶすと調理も簡単。豆腐や白身魚に慣れてから。
		牛肉	×	×	△	○	鶏肉よりもかたいので牛ひき肉を与えてから。ヒレなど低脂肪の赤身を選んで。
		牛ひき肉	×	×	○	○	鶏肉に慣れてから。脂身の少ない部位を選びましょう。
		豚肉	×	×	△	○	豚ひき肉に慣れてから。薄切りかしゃぶしゃぶ用なら調理がラクに。
		豚ひき肉	×	×	○	○	鶏肉に慣れてから。脂身の少ない部位を選び、食べにくそうならすりつぶして。
		レバー（鶏、豚、牛）	×	△	○	○	牛乳につけるなど、臭みをとる下処理をしっかりと。火は中まで通しましょう。
	肉加工品	ハム、ソーセージ	×	×	×	○	塩分や添加物が含まれています。食べさせるならしっかり湯通ししてから。
		ベーコン	×	×	△	△	脂質や塩分、添加物が含まれているため、与える場合は少量程度にしましょう。
		コンビーフ	×	×	×	×	牛肉を塩漬けしたもの。脂肪や塩分が多いので、幼児食以降もなるべく避けて。
	その他	麩（小町麩）	○	○	○	○	すりおろして加熱調理がおすすめ。小麦粉が原料のため、アレルギーに注意。
その他	調味料	塩	×	×	○	○	塩分は消化に負担がかかるため、少量から。パンや麺にも含まれています。
		砂糖	×	○	○	○	使うときはごく少量を。甘味のある野菜など、なるべく素材の甘味を生かして。
		しょうゆ	×	×	○	○	塩分が多く、消化に負担がかかります。風味づけ程度に使いましょう。
		バター・マーガリン	×	△	○	○	乳脂肪なので消化しやすく、初めての油脂に最適。食塩不使用タイプを選んで。
		植物油（サラダ油）	×	△	○	○	バターに慣れてから。油を多く吸収するフライや天ぷらは完了期以降に。
		ごま油	×	△	○	○	消化の発達が完全ではないため、体の負担にならない風味づけ程度に使用を。
		オリーブ油	×	△	○	○	バターに慣れてから。加熱しても酸化しにくいので調理用油におすすめ。
		みそ	×	×	○	○	塩分が多く、消化に負担がかかるので、大人のみそ汁から取り分けるときも注意。
		酒、みりん	×	×	○	○	使うときは加熱して、アルコールを完全にとばします。糖分が多いので少量から。
		トマトケチャップ	×	×	×	○	塩分が多いので、少量を与えて。トマトペーストで代用するのもおすすめ。
		マヨネーズ	×	×	○	○	生卵が原料に含まれているため、使うときは少量を加熱してから使いましょう。
		酢	×	×	○	○	後期から使えますが、酸味が苦手な赤ちゃんも。少量を風味づけ程度に。
		ソース、オイスターソース	×	×	×	○	塩分が多いので、ごく少量を1歳以降に与えるようにしましょう。
		カレー粉	×	×	×	○	刺激が強いので、与えるときはごく少量をアクセント程度に使います。
		はちみつ、黒砂糖	×	×	×	△	ボツリヌス菌の心配があるため、1歳未満は絶対に与えてはいけません。
	嗜好品、その他	ゼラチン	○	○	○	○	動物由来のコラーゲンが原料。ゼリー状に固めたいときに。アレルギーに注意。
		粉寒天	×	×	○	○	海藻が原料。口の中で溶けないので、食べさせるときは誤えんに注意。
		和風だし、野菜スープ	○	○	○	○	大量に作って冷凍しておくと便利。市販品は無添加を選び、薄めて使いましょう。
		白ごま、黒ごま	×	△	○	○	良質な油がとれるごま。気管に入る可能性があるので、すりごまのほうが安心。
		ナッツ類	×	×	×	×	アレルギーの心配があるので避けましょう。
		パン粉	×	×	△	○	粗い（大きい）と口ざわりが悪いので細かい目のものを選びましょう。
		切り干し大根	×	×	○	○	豊富な栄養素を含む乾物。やわらかく煮て、みじん切りしたものを与えましょう。
		トマトジュース（食塩不使用）	×	○	○	○	加熱して調理に使う程度の量を与えて。そのまま飲ませるのは完了期以降に。
		ジャム	×	×	△	△	砂糖の量が多いので、与えるときは低糖タイプか添加物の少ないものを選んで。
		ピーナッツバター	×	×	×	×	砂糖の量が多く、アレルギーの心配もあるため、離乳食では避けましょう。
		ホットケーキミックス	×	×	△	○	小麦粉や卵などが含まれ、アレルギーの心配も。糖分も含むため1歳以降に。
		ベーキングパウダー	×	×	△	○	菓子などを膨らませたいときに使用。アルミニウム不使用のものを選んで。

ゴックン期

5～6か月ごろ

主食

- 和風がゆ…37
- にんじんのミルク煮…37
- ミルクがゆ…38
- トマトのとろとろがゆ…38
- しらすとほうれん草のおかゆ…39
- にんじんがゆ…39
- バナナきな粉パンがゆ…39
- さつまいものヨーグルトパンがゆ…40
- トマトパンがゆ…40
- ほうれん草の煮込みうどん…41
- たいとキャベツのうどん…41
- さつまいもとにんじんのミルクうどん…41
- 卵と玉ねぎの和風がゆ…42
- りんごパンがゆ…42

副菜

- ミニトマトとさつまいものとろとろ…44
- しらすキャベツ…44
- ほうれん草のポタージュ…44
- にんじんのバナナあえ…45
- キャベツのだし煮…45
- ミニトマトのヨーグルトあえ…45
- たいとブロッコリーのとろとろ…46
- りんごポテト…46
- きゅうりとお麩のとろとろ…47
- かぼちゃと玉ねぎのスープ煮…47

ベビーフード活用レシピ

- とうもろこしのミルクがゆ…48
- とうもろこしときな粉のとろとろ…48

イベントレシピ

- ひな祭りパンがゆ…43
- こいのぼりがゆ…43

この時期の赤ちゃん

【体】
＊足腰がしっかりしてきて、寝返りができ始める。
＊うつぶせの姿勢で体を支えられる。
＊ものを握ることができる。

【口】
＊唇を閉じて飲み込むことができる。
＊舌を前後に動かせるようになる。
＊よだれが増えてくる。

…マークのあるレシピは、フリージング食材は使わずに調理します。
調理後に、３回分フリージングできる分量となっています。

親子で始める離乳食
楽しむ気持ちを忘れずに

生後５～６か月となり、そろそろ…と感じるころ。食べる様子をじっと見る、食べ物に手をのばすなどの姿が見えたら離乳食開始の合図です。

◆食べさせ方

お座りが安定していないので、ひざの上に抱っこして食べさせましょう。顔をしっかり見ながら支えることで赤ちゃんも安心して食べられます。無理のない姿勢であれば、床の上でもＯＫ。

◆スケジュール例（1日1回／2回）

6：00　おっぱい・ミルク
10：00　1回目 **離乳食**＋おっぱい・ミルク
14：00　おっぱい・ミルク
18：00　おっぱい・ミルク
　　　　2回目 **離乳食**＋おっぱい・ミルク
20：00　おっぱい・ミルク

チェックポイント

- □ 体調の変化が見られたらすぐ受診できるように１回目は午前中に与えましょう。
- □ 早朝や深夜の時間帯は避けましょう。
- □ 食後は、飲みたいだけおっぱい・ミルクを与えます。
- □ 慣れてきたら、２回食へ（離乳食と離乳食の間は４時間以上あけて）。

◆進め方のポイント

❶ ママ・パパはあせらず大らかに

おっぱい・ミルク以外を初めて口にする赤ちゃん。初めからうまく食べられないのは当たり前です。ひとさじずつゆっくりと進めて、ゴックンと飲み込めたら笑顔でほめましょう。

❷ ゴックンしやすいポタージュ状に

ゴックンと飲み込めるように、食材は裏ごしなどでなめらかなポタージュ状にします。繊維の多い野菜は、特に丁寧な下ごしらえを。慣れてきたら、ヨーグルトぐらいのかたさにステップアップ。

❸ 赤ちゃんのペースに合わせる

発達はもちろん、食べ方も量もペースも一人ひとり異なるもの。他の子や本は目安ととらえて、食べる様子をしっかりと観察しながら赤ちゃんとママ・パパに合った進め方を見つけましょう。

❹ 食べることの楽しさを伝えて

食材や形状、食べさせ方は大切ですが、一番育てたいのは「食事の時間を楽しむ」気持ち。さまざまな味や食材を体験する中で、やさしく声をかけながら、楽しい雰囲気を心がけて。

次のステップへの目安

- ヨーグルト状のかたさのものをゴックンと飲み込める。
- １回分の量が増えている。
- 食べることに慣れてきて、ある程度の時間座っていられる。

モグモグ期へ

ついに離乳食スタート
まずは最初のひとさじから

５か月を過ぎたら、まずは赤ちゃんの様子をよく観察することが大切です。下にある赤ちゃんの姿を目安に、当てはまる項目がいくつか出てきたら、離乳食をスタートしてみましょう。

離乳食を始めるタイミング

1 首のすわりがしっかりしてきた。

うつ伏せから自分で頭を持ち上げられる、仰向けから上半身をゆっくり起こしたときに、首がグラグラせずに体と一緒に頭がついてくる様子。

2 体を支えてあげながら、５秒以上座れる。

背中に手を添えるなど体を支えた状態で、お座りの姿勢が５秒以上保てるようになります。

3 スプーンを口に入れても押し返さない。

スプーンを下唇にそっと当てたときに、舌で押し戻そうとしたり、嫌がったりせず、興味を示す反応が見られたとき。

4 よだれの量が増えてきた。

口の周りやスタイがびっしょり濡れるなど、以前よりもよだれが増えてきた様子。個人差はありますが、消化機能が発達してきた証です。

5 大人が食べている姿に興味を示す。

ママ・パパが食べている様子をじっと見たり、食事に手をのばしたりする姿が見られます。

6 体調や機嫌がいい。

数日間、赤ちゃんが熱や体調不良もなく元気に過ごしていて、朝起きたときもご機嫌なとき。ママ・パパの気持ちに余裕のあることも大切です。

＼初日～1週目は…／

10倍がゆから始めよう

初めのひとさじには、消化吸収のよい10倍がゆ（作り方P.14）をさらにすりつぶしたものを。１週間ぐらいで４～５さじ食べられるようになるまで、焦らず少しずつ与えましょう。

初めての食材の与え方

- １日１回１種類だけ
- 様子を見ながら少量ずつ
- 受診できる午前中に

＼1週目～２週目は…／

甘みのある野菜を与えよう

10倍がゆに慣れてきたら、にんじんやかぼちゃなど甘味のある野菜にチャレンジ。野菜はやわらかくゆで、湯でのばしながら裏ごししてポタージュ状にしましょう。同じ野菜をひとさじずつ２～３日続けて与えます。

◆離乳食開始直後の食べさせ方：注意点

スプーンの場合

❶ スプーンを下唇の上におく

赤ちゃんの下唇にスプーンの先をちょんちょんとあてます。赤ちゃんが口を開けたら、下唇の上にスプーンをおきます。

❷ スプーンをゆっくり水平に引く

スプーンはそのままで、赤ちゃんが自分から口を閉じるのを待ちます。食べ物を取り込めたら、スプーンを水平にゆっくり引きます。上手にゴックンできたらほめましょう。

これやっちゃダメ！

✕ 口の奥まで入れる

スプーンを無理に口の奥に入れて、食べ物をこすりつけたり、口の中に流し込んだりしないようにしましょう。自分から口の中に取り込むのを待ちます。

✕ 確認せずに次々に与える

食べ物をゴックンするだけでも最初は大変。テンポよく与えることも大切ですが、しっかり飲み込めたかを確認してから次のひと口へ。

✕ 食べ残しを与える

「少ししか食べなかったから…」と言って残したものを冷蔵庫に入れて再び与えるのは、雑菌が繁殖する原因になるのでやめましょう。

ありがち…困ったランキング

1位 とにかく食べたくない！と泣く

これで解決!? **まずは食事環境を整えて**

赤ちゃんは生まれて初めて食べることに挑戦するため、一進一退を繰り返すのはしかたのないこと。食材やかたさ、形状を確認してOKなら、なるべく同じ時間帯に与える、姿勢が安定しているかなど環境を整えてあげましょう。ママ・パパは笑顔を忘れず、どっしりと構えて。

2位 こぼす＆暴れてしまう

これで解決!? **床にシートや新聞紙を敷く**

離乳食を口から出されたり、こぼしたり…。片付けのことを考えると気が重くなりますね。床に敷くシートや使い捨てエプロンなどのアイテムを上手に使いながら、ママ・パパにとっても練習期間だと思って、一緒に成長していきましょう。

3位 スプーンが気になりすぎる！

これで解決!? **スプーンを変えるのも◎**

スプーンを嫌がって食べない子や、興味がありすぎてつかもうとする子など、スプーンを気にする赤ちゃんは多いもの。色や形、素材など小さな違いでも、赤ちゃんにとっては大きく気分が変わることもあるようです。

冷凍するときは
粗熱をとってから
（ごはん以外）！

フリージング食材リスト

５～６か月のレシピで使うフリージング食材11種。
作りやすい食材の量とその作り方、フリージングした状態を紹介します。

10倍がゆ

材料（12個、6回分）

ごはん…40ｇ
水…1¼カップ

作り方

1 鍋にごはんと水を入れてふたをし、中火にかける。沸騰したら弱火にし、20分煮て火を止め、そのまま30分蒸らす。

2 1をなめらかにすりつぶし、製氷皿に入れて冷凍する（1回分はキューブ2個）。

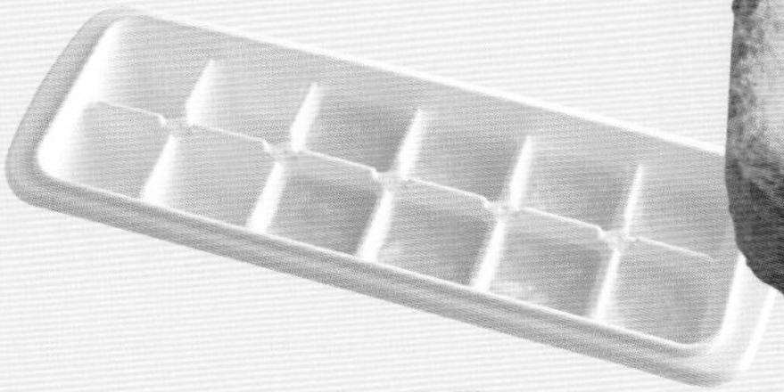

パンがゆ

材料（8個、4回分）

食パン（8枚切り）…½枚
水…¾カップ

作り方

1 食パンは耳を切り落とし、細かくちぎって鍋に入れる。水を加えて弱火にかけ、やわらかくなるまで煮る。

2 1をなめらかにすりつぶし、製氷皿に入れて冷凍する（1回分はキューブ2個）。

うどん

材料（6回分）

ゆでうどん…½袋（90ｇ）
湯…½カップ

作り方

1 ゆでうどんはやわらかくゆでる。

2 1をなめらかにすりつぶし、湯を加えて混ぜる。６等分してラップで包み、冷凍用保存袋に入れて冷凍する。

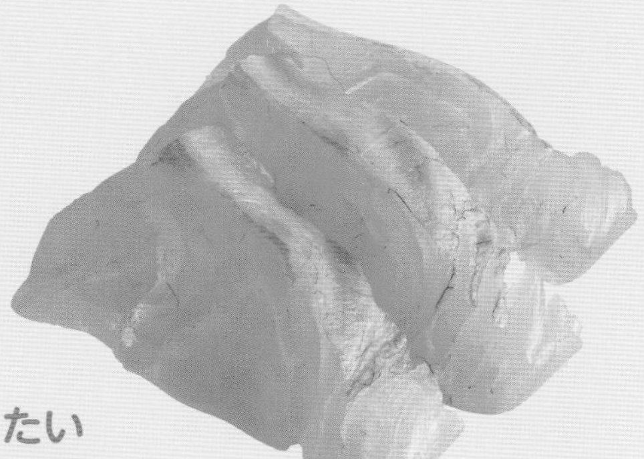

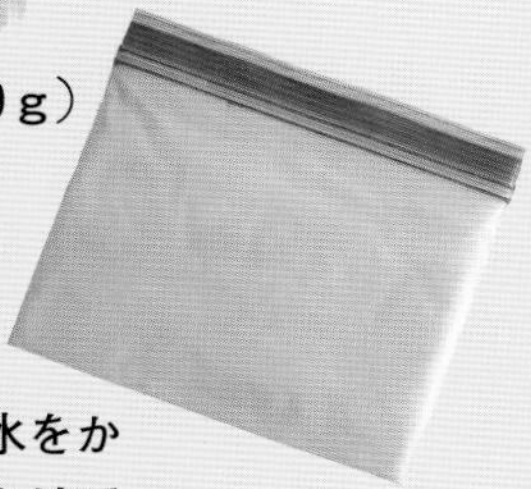

たい

材料（6回分）

たい（刺身用）…3切れ（30ｇ）
水…小さじ1
湯…大さじ1½

作り方

1 たいは耐熱容器に入れて水をかけ、ふんわりとラップをかけて電子レンジで1分加熱する。

2 1をなめらかにすりつぶし、湯を加えて混ぜる。冷凍用保存袋に入れて平らにならし、冷凍する。

しらす

材料（4回分）

しらす…20ｇ
湯…大さじ1

作り方

1 しらすは熱湯（分量外）をかけて塩抜きする。

2 1をなめらかにすりつぶし、湯を加えて混ぜる。冷凍用保存袋に入れて平らにならし、冷凍する。

ミニトマト

材料（作りやすい分量）

ミニトマト…1パック（12個、150ｇ）

作り方

1 ミニトマトはヘタを取って湯むきし、半分に切って種を取り除く。

2 1をなめらかにすりつぶし、冷凍用保存袋に入れて平らにならし、冷凍する。

ほうれん草

材料（作りやすい分量）

ほうれん草の葉先…½袋分（正味40ｇ）
湯…小さじ1

作り方

1 ほうれん草の葉先はやわらかくゆで、5分ほど水にさらして水けをきる。

2 1をなめらかにすりつぶし、湯を加えて混ぜる。冷凍用保存袋に入れて平らにならし、冷凍する。

にんじん

材料（作りやすい分量）

にんじん…¼本（40ｇ）
湯…小さじ2

作り方

1 にんじんは皮をむき、１cm幅の輪切りにし、やわらかくゆでる。

2 1をなめらかにすりつぶし、湯を加えて混ぜる。冷凍用保存袋に入れて平らにならし、冷凍する。

さつまいも

材料（作りやすい分量）

さつまいも…¼本（80ｇ、正味50ｇ）
水…大さじ½
湯…大さじ3

作り方

1 さつまいもは皮を厚めにむき、耐熱ボウルに入れる。水を加えてふんわりとラップをかけ、電子レンジで2分加熱する。

2 1をなめらかにすりつぶし、湯を加えて混ぜる。冷凍用保存袋に入れて平らにならし、冷凍する。

バナナは冷凍すると
茶色くなるよ

バナナ

材料（作りやすい分量）

バナナ…１本（100ｇ）

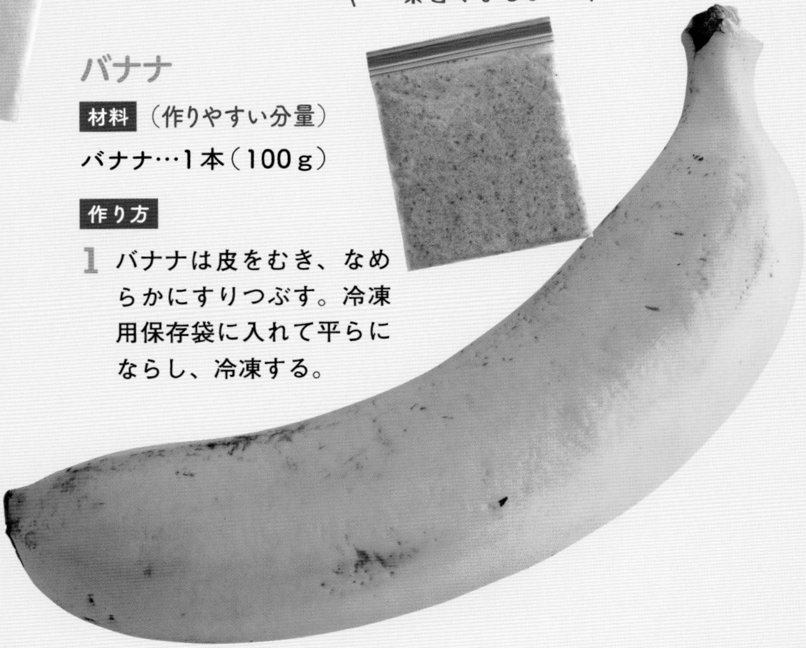

作り方

1 バナナは皮をむき、なめらかにすりつぶす。冷凍用保存袋に入れて平らにならし、冷凍する。

キャベツ

材料（作りやすい分量）

キャベツ…２枚
（100ｇ、正味80ｇ）
湯…大さじ1½

作り方

1 キャベツは芯を取ってやわらかくゆでる。

2 1をなめらかにすりつぶし、湯を加えて混ぜる。冷凍用保存袋に入れて平らにならし、冷凍する。

献立例

主食 和風がゆ

材料

10倍がゆ
1回分

和風だし
小さじ½

作り方

1 10倍がゆは耐熱容器に入れ、ふんわりとラップをかけて電子レンジで50秒加熱する。器に入れ、和風だしを加えて混ぜる。

主食 にんじんのミルク煮

材料

にんじん
15g

＋ 粉ミルク…大さじ½

作り方

1 にんじんは耐熱容器に入れ、ふんわりとラップをかけて電子レンジで20秒加熱し、粉ミルクを加えて混ぜる。

主食

ミルクがゆ

材料

10倍がゆ
1回分

＋ 粉ミルク…小さじ2

作り方

1 10倍がゆは耐熱容器に入れ、ふんわりとラップをかけて電子レンジで50秒加熱する。器に盛り、粉ミルクを加えて混ぜる。

トマトのとろとろがゆ

材料

10倍がゆ
1回分

ミニトマト
15g

＋ 水溶き片栗粉…小さじ½

作り方

1 10倍がゆは耐熱容器に入れ、ふんわりとラップをかけて電子レンジで50秒加熱して器に盛る。

2 ミニトマトは別の耐熱容器に入れてふんわりとラップをかけ、電子レンジで20秒加熱する。水溶き片栗粉を加えてサッと混ぜ、ふんわりとラップをかけ、電子レンジでさらに20秒ほど加熱する。よく混ぜ、1にかける。

しらすとほうれん草のおかゆ

材料

10倍がゆ 1回分

しらす 5g

ほうれん草 10g

作り方

1 10倍がゆは耐熱容器に入れ、ふんわりとラップをかけて電子レンジで50秒加熱して器に盛る。

2 しらす、ほうれん草はそれぞれ別の耐熱容器に入れ、ふんわりとラップをかける。しらすは電子レンジで10秒、ほうれん草は電子レンジで30秒加熱し、1にのせる。

にんじんがゆ

材料

10倍がゆ 1回分

にんじん 10g

作り方

1 10倍がゆは耐熱容器に入れ、ふんわりとラップをかけて電子レンジで50秒加熱して器に盛る。

2 にんじんは別の耐熱容器に入れてふんわりとラップをかけ、電子レンジで20秒加熱し、1にのせる。

バナナきな粉パンがゆ

材料

パンがゆ 1回分

バナナ 10g

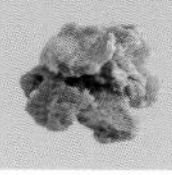

＋ 粉ミルク…大さじ½ ＋ きな粉…少々

作り方

1 パンがゆは耐熱容器に入れ、ふんわりとラップをかけて電子レンジで40秒加熱する。

2 1にバナナ、粉ミルクを加えてふんわりとラップをかけ、電子レンジで30秒加熱する。サッと混ぜて器に盛り、きな粉をふる。

さつまいものヨーグルトパンがゆ

材料

パンがゆ	さつまいも
1回分	10g

＋ プレーンヨーグルト（無糖）…小さじ½

作り方

1 パンがゆは耐熱容器に入れ、ふんわりとラップをかけて電子レンジで50秒加熱して器に盛る。

2 さつまいもは別の耐熱容器に入れてふんわりとラップをかけ、電子レンジで20秒加熱する。1にのせ、ヨーグルトをのせる。

トマトパンがゆ

材料

パンがゆ	ミニトマト
1回分	10g

作り方

1 パンがゆは耐熱容器に入れ、ふんわりとラップをかけて電子レンジで40秒加熱する。

2 1にミニトマトを加え、ふんわりとラップをかけ、電子レンジで20秒加熱してサッと混ぜる。

ほうれん草の煮込みうどん

材料

- うどん 1回分
- ほうれん草 10g
- 和風だし 大さじ1

作り方

1 うどんは耐熱容器に入れ、電子レンジで40秒加熱する。

2 1のラップを外し、ほうれん草、和風だしを加えて、ふんわりとラップをかけ、電子レンジで30秒加熱してサッと混ぜる。

たいとキャベツのうどん

材料

- うどん 1回分
- たい 5g
- キャベツ 10g
- 野菜スープ 小さじ2

作り方

1 うどんは耐熱容器に入れ、電子レンジで40秒加熱する。たいは別の耐熱容器に入れてふんわりとラップをかけ、電子レンジで30秒加熱する。

2 1のうどんのラップを外し、キャベツ、野菜スープを入れてふんわりとラップをかけ、電子レンジで30秒加熱する。器に盛り、1のたいをのせる。

さつまいもとにんじんのミルクうどん

材料

- うどん 1回分
- さつまいも 5g
- にんじん 5g
- ＋粉ミルク…小さじ2

作り方

1 うどんは耐熱容器に入れ、電子レンジで1分加熱する。ラップを外し、粉ミルクを混ぜ、器に盛る。

2 さつまいも、にんじんはそれぞれ耐熱容器に入れてふんわりとラップをかけ、電子レンジで20秒ずつ加熱し、1にのせる。

＼たまには…／

フリージング食材を使わず調理

卵と玉ねぎの和風がゆ

調理後 フリージング OK

材料（3回分）

10倍がゆ…大さじ6
玉ねぎ…⅙個（30ｇ）
ゆで卵の黄身…½個分
和風だし…大さじ1

作り方

1 玉ねぎはやわらかくゆで、なめらかにすりつぶす。ゆで卵の黄身は裏ごしする。

2 ボウルに10倍がゆ＊と1、和風だしを入れてサッと混ぜる。粗熱がとれたら、3等分して冷凍用保存容器に入れ、冷凍する。

3回分！

＊作り方はP.34の冷凍前までを参照。

りんごパンがゆ

調理後 フリージング OK

材料（3回分）

食パン（8枚切り）…⅜枚（12g）
りんご…⅛個（30g）
粉ミルク…½カップ

作り方

1 りんごは皮をむいてすりおろす。食パンは耳を切り落として細かくちぎる。

2 鍋に1と粉ミルクを入れて中火にかけ、沸騰したら弱火にし、やわらかくなるまで10分ほど煮る。なめらかにすりつぶし、粗熱がとれたら、3等分して冷凍用保存容器に入れ、冷凍する。

3回分！

5～6か月ごろのイベントレシピ

ひな祭り & こどもの日

赤ちゃんとお祝いしたい季節の行事。いつもの一品にちょっと手間を加えて、楽しい思い出に。

ひな祭り

かわいいお花に
赤ちゃんもニッコリ！

ひな祭りパンがゆ

材料

パンがゆ…1回分
粉ミルク…大さじ3
じゃがいも…10ｇ
水…小さじ1
いちご…1個
粉ミルク…適量

作り方

1 パンがゆは耐熱容器に入れ、ふんわりとラップをかけて電子レンジで50秒加熱する。粉ミルクを混ぜ、器に盛る。

2 じゃがいもはひと口大に切り、５分ほど水にさらして水けをきる。耐熱容器に入れて水を加え、ふんわりとラップをかけて電子レンジで40秒加熱し、すりつぶす。

3 いちごはすりつぶして裏ごしし、トッピング用に少し取り分け、2と混ぜる。かたければ粉ミルクでのばす。1に桃の花の形にのせ、中央にトッピング用のいちごをのせる。

こいのぼりがゆ

材料

10倍がゆ…1回分
にんじん…10ｇ
ブロッコリー…10ｇ
湯…適量

作り方

1 10倍がゆは耐熱容器に入れ、ふんわりとラップをかけて電子レンジで50秒加熱する。にんじん、ブロッコリーはやわらかくゆで、それぞれすりつぶし、トッピング用に少し取り分けておく。

2 10倍がゆはトッピング用に少し取り分ける。残りを半分に分け、それぞれににんじん、ブロッコリーを加えて混ぜる。かたければ湯でのばす。

3 器に2をこいのぼりの形に盛り、トッピング用の10倍がゆと野菜で目をつける。

こどもの日

空を元気に泳ぐ
こいのぼりのように

副菜

ミニトマトとさつまいものとろとろ

材料

ミニトマト 5g

さつまいも 5g

＋ 水溶き片栗粉…小さじ½

作り方

1 ミニトマト、さつまいもは耐熱容器に入れてふんわりとラップをかけ、電子レンジで20秒加熱する。

2 1に水溶き片栗粉を加えてサッと混ぜ、ふんわりとラップをかけ、電子レンジで20秒加熱してよく混ぜる。

しらすキャベツ

材料

しらす 5g

キャベツ 10g

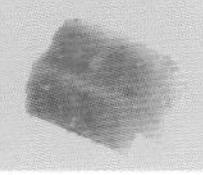

作り方

1 しらす、キャベツはそれぞれ耐熱容器に入れてふんわりとラップをかける。電子レンジで20秒ずつ加熱し、器に盛り合わせる。

ほうれん草のポタージュ

材料

ほうれん草 10g

野菜スープ 大さじ½

＋ 粉ミルク…大さじ½

作り方

1 ほうれん草、野菜スープは耐熱容器に入れてふんわりとラップをかけ、電子レンジで30秒加熱し、粉ミルクを加えて混ぜる。

にんじんのバナナあえ

材料

にんじん
5g

バナナ
5g

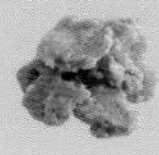

＋ 湯…小さじ1

作り方

1 にんじん、バナナは耐熱容器に入れてふんわりとラップをかけ、電子レンジで20秒加熱する。湯を加えてよく混ぜる。

キャベツのだし煮

材料

キャベツ
10g

和風だし
小さじ1

作り方

1 キャベツは耐熱容器に入れてふんわりとラップをかけ、電子レンジで20秒加熱する。和風だしを加えてサッと混ぜる。

ミニトマトのヨーグルトあえ

材料

ミニトマト
10g

＋ 水溶き片栗粉…小さじ¼ ＋ プレーンヨーグルト（無糖）…小さじ½

作り方

1 ミニトマトは耐熱容器に入れてふんわりとラップをかけ、電子レンジで20秒加熱する。

2 1に水溶き片栗粉を加えてサッと混ぜ、ふんわりとラップをかけ、電子レンジで20秒加熱する。器に盛り、ヨーグルトをのせる。

＼たまには…／

フリージング食材を使わず調理

たいとブロッコリーのとろとろ

調理後フリージングOK

材料（3回分）

たい（刺身用）…1½切れ（15g）
ブロッコリー…2房（30g）
たいとブロッコリーのゆで汁…大さじ2

作り方

1 たいとブロッコリーは一緒にやわらかくゆで、ゆで汁大さじ2を取り分けておく。たいはなめらかにすりつぶし、ブロッコリーは穂先をそいでなめらかにすりつぶす。

2 ボウルに1とゆで汁を入れてサッと混ぜ、粗熱がとれたら、3等分して冷凍用保存容器に入れ、冷凍する。

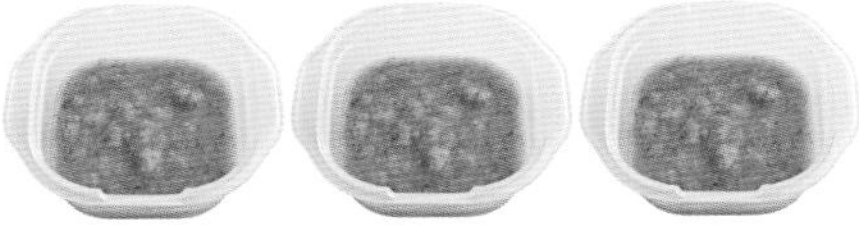

3回分！

りんごポテト

調理後フリージングOK

材料（3回分）

りんご…⅛個（30g）
じゃがいも…⅙個（20g）
水…大さじ½
粉ミルク…大さじ2

作り方

1 りんごは皮をむいてすりおろす。じゃがいもは皮をむいてひと口大に切り、5分ほど水にさらして水けをきる。

2 耐熱容器に1、水を入れてふんわりとラップをかけ、電子レンジで40秒加熱し、なめらかにすりつぶす。粉ミルクを加えて混ぜ、粗熱がとれたら、3等分して冷凍用保存容器に入れ、冷凍する。

3回分！

きゅうりとお麸のとろとろ

調理後フリージングOK

材料（3回分）

きゅうり…⅓本（30ｇ）
小町麸…3個（1ｇ）
和風だし…大さじ1

作り方

1 きゅうりは皮をむき、すりおろす。小町麸はすりおろす。

2 耐熱容器に1、和風だしを入れてふんわりとラップをかけ、電子レンジで30秒加熱する。粗熱がとれたら、3等分して冷凍用保存容器に入れ、冷凍する。

3回分！

かぼちゃと玉ねぎのスープ煮

調理後フリージングOK

材料（3回分）

しらす…15ｇ
玉ねぎ…1/10個（20ｇ）
かぼちゃ…30ｇ
水…大さじ½
玉ねぎのゆで汁…大さじ1½

作り方

1 しらすは熱湯（分量外）をかけて塩抜きし、なめらかにすりつぶす。玉ねぎはやわらかくゆで、すりつぶす。

2 かぼちゃは皮をむいてひと口大に切り、耐熱容器に入れる。水をかけてふんわりとラップをかけ、電子レンジで40秒加熱してすりつぶす。ボウルに入れて1、ゆで汁を加えて混ぜ、粗熱がとれたら、3等分して冷凍用保存容器に入れ、冷凍する。

3回分！

ベビーフード活用レシピ

食材の種類や形状、味付けも豊富なベビーフード。
上手に使って、ママ・パパの頼もしい味方にしましょう。

これを使ってできちゃいます!

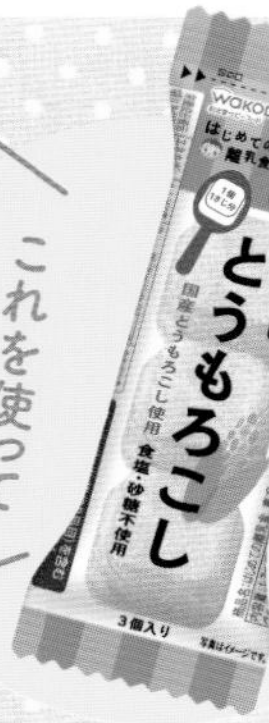

和光堂 はじめての離乳食
裏ごしとうもろこし（アサヒグループ食品）

とうもろこしのミルクがゆ

材料

「裏ごしとうもろこし」…2個
10倍がゆ…1回分
湯…小さじ2

作り方

1 「裏ごしとうもろこし」は湯を加えて混ぜ、10倍がゆと盛り合わせる。

キューブタイプだからお湯で溶いて添えるだけ!

とうもろこしとやさしいきな粉の風味がマッチ!

とうもろこしときな粉のとろとろ

材料

「裏ごしとうもろこし」…2個
湯…小さじ2
きな粉…少々

作り方

1 「裏ごしとうもろこし」は湯を加えて混ぜ、器に盛ってきな粉をふる。

5～6か月ごろの食のお悩み

Q べーっと出してしまって全然食べてくれません。

A 無理に与えず、「待つ」気持ちで。

時期がきても、食べ物にすぐ興味を示せる子ばかりではありません。座ることやスプーンに慣れていないので、まずは舌で食べ物をなめさせる感覚で十分。食べることが楽しいと思える雰囲気づくりを大切に。

Q あまり食べていなくても食材を増やしたほうがいい？

A 月齢に合わせてではなく様子を見て切り替えを。

食材の種類ややわらかさ、形状など、本やインターネットの情報は目安ととらえ、赤ちゃんのペースに合わせることが大切です。まずは、ゴックンと飲み込めるようになったら、食材を少しずつ増やしましょう。

Q ミルクと離乳食を与えるタイミングがつかめません。

A ちょこちょこ飲ませず、おなかがすくリズムに。

５～６か月ごろなら、ある程度まとまった量が飲めるようになります。泣いたらすぐミルクではなく、少しずつ間隔をあけていきましょう。授乳リズムが整うと、おなかがすいて離乳食を食べるようになります。

Q 離乳食を始めたらうんちが変化。これって大丈夫？

A 離乳食を続けながら様子を見ましょう。

うんちがゆるくなったり、色やにおいが変化したり…。離乳食開始のころにはよくあること。うんちだけでなく、赤ちゃんの全身状態をよく見て、機嫌が悪い、下痢や便秘が続くなどの症状があれば医師に相談を。

Q 順調にすすんでいる離乳食。2回食へはいつごろ進める？

A 午前中の離乳食をよく食べて1か月ぐらい経ったころに。

２回食への移行は、離乳食を与え始めて１か月ぐらい経ったころを目安に。ただし、授乳との間隔をあけながら、遅すぎない時間帯を選びましょう。１回食と同じ量ではなく、初めは少ない量からスタートを。

モグモグ期

7～8か月ごろ

主食

- 大根がゆ…55
- ささみとさやいんげんのあんかけ丼…56
- 玉ねぎと青のりのおかゆ…56
- かぼちゃと大根の和風がゆ…57
- 鮭とコーンのチーズがゆ…57
- ささみとかぼちゃのパンがゆ…57
- ブロッコリーと玉ねぎの和風パンがゆ…58
- カレイと野菜のパンがゆ…58
- ささみとブロッコリーのそうめん…59
- コーンポタージュそうめん…59
- 煮込みそうめん…59
- アスパラとにんじんのおかゆ…60
- 卵とズッキーニのミルクパンがゆ…60

主菜

- ささみとブロッコリーのだし煮…55
- カレイとさやいんげんのトマト煮…61
- カレイとブロッコリーあんかけ…61
- カレイとかぼちゃの豆乳スープ…62
- カレイと玉ねぎのコーンクリームあん…62
- 鮭とブロッコリーのチーズあえ…63
- 鮭と大根の煮物…63
- 鮭とさやいんげんのミルク煮…63
- 鮭とかぼちゃの白あえ…64
- ささみとブロッコリーのコーンシチュー…64
- ささみとかぼちゃのミルクあえ…65
- ささみとさやいんげんのみぞれあえ…65
- ささみと大根のおかかあえ…65
- 小松菜と白菜の卵とじ…66
- まぐろと野菜のとろとろ…66
- 大豆とカリフラワーのミルク煮…67
- 鶏ひき肉とキャベツののりあえ…67

副菜

- かぼちゃとさやいんげんのサラダ…55
- さやいんげんと玉ねぎのおかかあえ…69
- さやいんげんと大根のとろみ煮…69
- 大根のミルク煮…69
- 大根入りコーンクリームスープ…70
- かぼちゃのスープ…70
- かぼちゃのトマトマッシュ…71
- ブロッコリーと玉ねぎのだし煮…71
- ブロッコリーのチーズあえ…71
- さつまいもとにんじんのマッシュサラダ…72
- 白菜とにらのだし煮…72
- オクラとかぶの煮物…73
- 小松菜とカリフラワーのトマト煮…73

イベントレシピ

- ジャックオーランタンがゆ…68
- リースのおかゆ…68

ベビーフード活用レシピ

- さつまいものレバーあえ…74
- レバーとトマトのパンがゆ…74

この時期の赤ちゃん

【体】
- ＊おなかを床につけ、「ずりばい」ができる。
- ＊両手両足で体を支え、お座りが安定する。
- ＊ものをつかむことができる。

【口】
- ＊前歯が生え始める。
- ＊舌と上あごでつぶして食べるようになる。
- ＊口角が左右に伸び縮みし始める。

…マークのあるレシピは、フリージング食材は使わずに調理します。調理後に、3回分フリージングできる分量となっています。

食材＆形状の幅が広がり モグモグ味わえるように！

離乳食を開始して１～２か月。互いにペースが少しずつつかめてきて、赤ちゃんもママ・パパも食事の時間を楽しめるようになります。

◆食べさせ方

お座りが安定してくるので、ベビーチェアの用意がおすすめ。両足がしっかり踏んばれる姿勢を保つとモグモグしやすくなります。ママ・パパも両手があくのでゆったりと与えられるように！

自分から食べたい気持ちが育ち始め、次第にあーんと口を開けるように。

◆スケジュール例（１日２回）

8:00	おっぱい・ミルク
10:00	１回目 **離乳食**＋おっぱい・ミルク
14:00	おっぱい・ミルク
18:00	２回目 **離乳食**＋おっぱい・ミルク
20:00	おっぱい・ミルク

チェックポイント

- □ 午前１回、午後１回の１日２回。毎日同じ時間に与えるようにします。
- □ 早朝や深夜の時間帯は避けましょう。
- □ 食後は、飲みたいだけおっぱい・ミルクを与えます。
- □ 空腹になったら離乳食を食べる、というリズムに（離乳食と離乳食の間は４時間以上あけて）。

◆進め方のポイント

❶ 進んでは戻り…の繰り返し

ゴックンと上手に飲み込めるようになった赤ちゃん。豆腐や魚などのたんぱく質を含む食材にも挑戦してみましょう。まずはあせらずに、ひとさじずつ与えることを忘れずに。

❷ 豆腐ぐらいのかたさが目安

舌と上あごでつぶすようになるので、指でつぶせるぐらいの豆腐のかたさがモグモグするにはちょうどよい練習に。細かいみじん切りも、水溶き片栗粉でとろみを加えると食べやすくなります。

❸ 種類豊富にみせるメニュー

１日２回食となり、離乳食でとりたい栄養も多くなります。食べられる食材も増えるので、レシピに食材の形状などアレンジを加えながら、無理なくメニューのバリエーションを広げましょう。

❹ 栄養のバランスを意識しすぎない

栄養のバランスは大切ですが、１食の食事できちんと… と考えすぎると離乳食作りが負担になってしまいます。２～３日分の食事でバランスをとるぐらいの気持ちでOK。

次のステップへの目安

- 豆腐ぐらいのかたさを舌でモグモグしながら飲み込める。
- 舌の動きが上下だけでなく、左右にも動くようになる。
- バナナぐらいのかたさのものも食べ始めるようになる。

カミカミ期へ

冷凍するときは
粗熱をとってから
（ごはん以外）！

フリージング食材リスト

７〜８か月のレシピで使うフリージング食材12種。
作りやすい食材の量とその作り方、フリージングした状態を紹介します。

パンがゆ

材料（4回分）

食パン（８枚切り）
…２枚
水…1カップ

作り方

1 食パンは耳を切り落とし、細かくちぎって鍋に入れる。水を加えて中火にかけ、沸騰したら弱火にして５分ほど煮る。

2 1を４等分してラップで包み、冷凍用保存袋に入れて冷凍する。

7倍がゆ

材料（5回分）

ごはん…80ｇ
水…1¾カップ

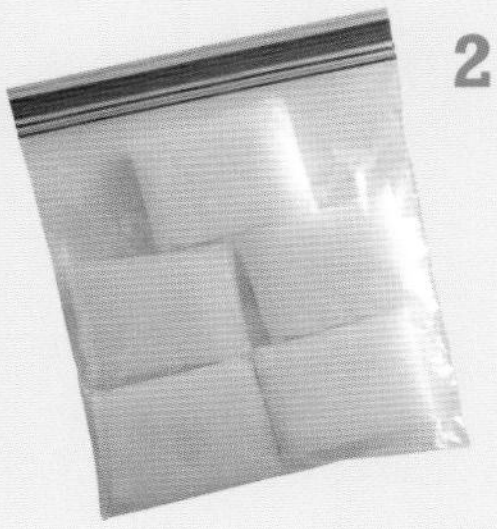

作り方

1 鍋にごはんと水を入れてふたをし、中火にかける。沸騰したら弱火にし、20分煮て火を止め、そのまま30分蒸らす。

2 1を５等分にしてラップで包み、冷凍用保存袋に入れて冷凍する。

そうめん

材料（3回分）

そうめん…40ｇ

作り方

1 そうめんはやわらかくゆで、水にさらして塩抜きし、みじん切りにする。

2 1を３等分してラップで包み、冷凍用保存袋に入れて冷凍する。

ささみ

材料（5回分）

ささみ…1本（50ｇ）
片栗粉…適量

作り方

1 ささみは筋を取ってそぎ切りにし、片栗粉を薄くまぶしてやわらかくゆでる。

2 1をなめらかにすりつぶし、冷凍用保存袋に入れて平らにならし、冷凍する。

カレイ

材料（5回分）

カレイ…½切れ（50ｇ）
水…小さじ1

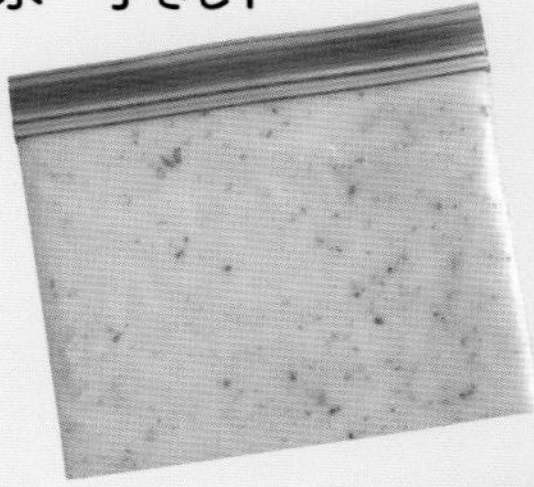

作り方

1 カレイは皮と骨を取り除き、薄切りにする。耐熱容器に入れて水をかけ、ふんわりとラップをかけて電子レンジで１分加熱する。

2 1を細かくほぐし、冷凍用保存袋に入れて平らにならし、冷凍する。

鮭

材料（5回分）

鮭…½切れ（50ｇ）
水…小さじ1

作り方

1 鮭は皮と骨を取り除き、薄切りにする。耐熱容器に入れて水をかけ、ふんわりとラップをかけて電子レンジで１分加熱する。

2 1を細かくほぐし、冷凍用保存袋に入れて平らにならし、冷凍する。

さやいんげん

材料（作りやすい分量）

さやいんげん…10本（80ｇ）

作り方

1 さやいんげんはやわらかくゆでてみじん切りにする。冷凍用保存袋に入れて平らにならし、冷凍する。

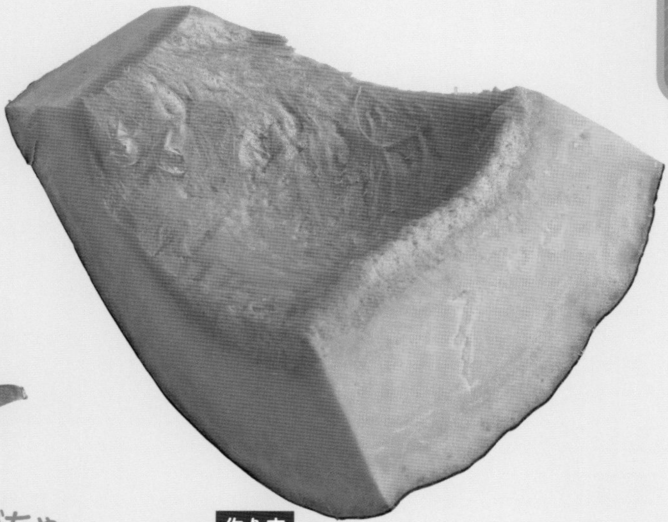

かぼちゃ

材料（作りやすい分量）

かぼちゃ…100ｇ
水…大さじ½

作り方

1 かぼちゃは皮をむいてひと口大に切り、耐熱容器に入れて水をかけ、ふんわりとラップをかけて電子レンジで３分加熱する。

2 1を５㎜角に切り、冷凍用保存袋に入れて平らにならし、冷凍する。

クリームコーン

材料（作りやすい分量）

クリームコーン缶…1缶（180ｇ）

作り方

1 コーンは裏ごしして薄皮を取り除き、みじん切りにする。冷凍用保存袋に入れて平らにならし、冷凍する。

大根

材料（作りやすい分量）

大根…100ｇ

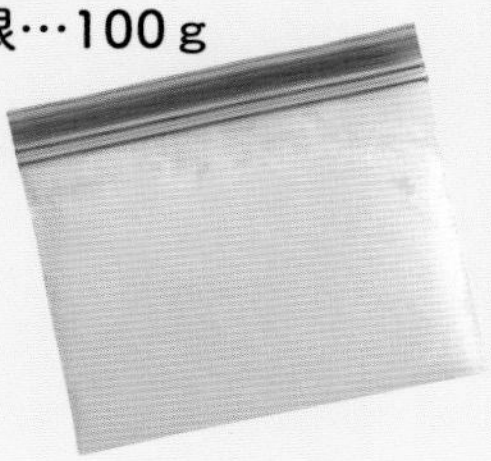

作り方

1 大根は皮をむいて１cm幅の半月切りにし、やわらかくゆでてみじん切りにする。冷凍用保存袋に入れて平らにならし、冷凍する。

ブロッコリー

材料（作りやすい分量）

ブロッコリー…½個（150ｇ）

作り方

1 ブロッコリーは小房に分けてやわらかくゆで、穂先をそいでみじん切りにする。冷凍用保存袋に入れて平らにならし、冷凍する。

玉ねぎ

材料（作りやすい分量）

玉ねぎ…½個（100ｇ）

作り方

1 玉ねぎは４等分のくし形切りにしてやわらかくゆで、みじん切りにする。冷凍用保存袋に入れて平らにならし、冷凍する。

献立例

主食 大根がゆ

材料

7倍がゆ
1回分

大根
10g

作り方

1 7倍がゆは耐熱容器に入れ、電子レンジで1分加熱する。

2 1をラップから外し、耐熱容器に入れて大根を加え、ふんわりとラップをかけて電子レンジで50秒加熱し、サッと混ぜる。

主菜 ささみとブロッコリーのだし煮

材料

ささみ
10g

ブロッコリー
20g

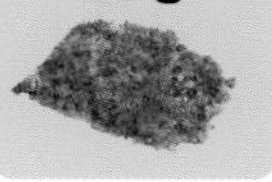

Ⓐ
和風だし
大さじ1

＋Ⓐ
水溶き片栗粉…小さじ1

作り方

1 ささみ、ブロッコリーは耐熱容器に入れてふんわりとラップをかけ、電子レンジで1分加熱する。

2 1にⒶを加えてサッと混ぜ、ふんわりとラップをかけ電子レンジで30秒加熱し、よく混ぜる。

副菜 かぼちゃとさやいんげんのサラダ

材料

かぼちゃ
10g

さやいんげん
10g

＋粉ミルク
…小さじ1

作り方

1 かぼちゃとさやいんげんは耐熱容器に入れ、ふんわりとラップをかけて電子レンジで40秒加熱する。粉ミルクを加えてサッとあえる。

ささみとさやいんげんのあんかけ丼

材料

- 7倍がゆ 1回分
- ささみ 10g
- さやいんげん 20g
- Ⓐ野菜スープ 大さじ1

＋ Ⓐ水溶き片栗粉…小さじ１

作り方

1 ７倍がゆは耐熱容器に入れ、電子レンジで１分20秒加熱し、器に盛る。

2 ささみとさやいんげんは別の耐熱容器に入れてふんわりとラップをかけ、電子レンジで40秒加熱する。Ⓐを加えて混ぜ、ふんわりとラップをかけて電子レンジでさらに30秒加熱し、よく混ぜて1にかける。

玉ねぎと青のりのおかゆ

材料

- 7倍がゆ 1回分
- 玉ねぎ 20g

＋ 青のり…少々

作り方

1 ７倍がゆは耐熱容器に入れ、電子レンジで１分加熱する。

2 1のラップを外し、耐熱容器に入れる。玉ねぎを加えてふんわりとラップをかけ、電子レンジで40秒加熱してサッと混ぜる。器に盛り、青のりをふる。

かぼちゃと大根の和風がゆ

材料

7倍がゆ	かぼちゃ	大根	和風だし
1回分	10g	10g	小さじ2

作り方

1 7倍がゆは耐熱容器に入れ、電子レンジで1分加熱する。

2 1のラップを外し、かぼちゃ、大根、和風だしを入れてふんわりとラップをかけ、電子レンジで50秒加熱してサッと混ぜる。

鮭とコーンのチーズがゆ

材料

7倍がゆ	鮭	コーンクリーム
1回分	5g	15g

＋粉ミルク…小さじ½

＋カッテージチーズ（裏漉しタイプ）…小さじ½

作り方

1 7倍がゆは耐熱容器に入れ、電子レンジで1分20秒加熱し、器に盛る。

2 コーンクリームは別の耐熱容器に入れてふんわりとラップをかけ、電子レンジで20秒加熱する。粉ミルクを混ぜて1にかける。

3 別の耐熱容器に鮭を入れてふんわりとラップをかけ、電子レンジで20秒加熱する。2にかけ、カッテージチーズをのせる。

ささみとかぼちゃのパンがゆ

材料

パンがゆ	ささみ	かぼちゃ
1回分	10g	20g

＋粉ミルク…大さじ1½

作り方

1 パンがゆは耐熱容器に入れ、電子レンジで40秒加熱する。

2 1のラップを外し、ささみ、かぼちゃ、粉ミルクを入れてふんわりとラップをかけ、電子レンジで50秒加熱してサッと混ぜる。

ブロッコリーと玉ねぎの和風パンがゆ

材料

パンがゆ	ブロッコリー	玉ねぎ	和風だし
1回分	10g	10g	大さじ1

作り方

1 パンがゆは耐熱容器に入れ、電子レンジで1分加熱し、和風だしを加えて混ぜ、器に盛る。

2 ブロッコリー、玉ねぎはそれぞれ別の耐熱容器に入れてふんわりとラップをかけ、電子レンジで20秒ずつ加熱し、1にブロッコリー、玉ねぎの順にのせる。

カレイと野菜のパンがゆ

材料

パンがゆ	カレイ	大根	さやいんげん
1回分	10g	10g	10g

作り方

1 パンがゆは耐熱容器に入れ、電子レンジで40秒加熱する。

2 1のラップを外し、カレイ、大根、さやいんげんを入れてふんわりとラップをかけ、電子レンジで50秒加熱し、サッと混ぜる。

ささみとブロッコリーのそうめん

材料

そうめん 1回分	ささみ 10g	ブロッコリー 20g	Ⓐ 和風だし 大さじ2

＋ Ⓐ水溶き片栗粉…小さじ1

作り方

1 そうめんは耐熱容器に入れ、電子レンジで40秒加熱する。

2 1のラップを外し、ささみ、ブロッコリーを入れてふんわりとラップをかけ、電子レンジで1分加熱する。Ⓐを加えてサッと混ぜ、ふんわりとラップをかけ、さらに30秒加熱してよく混ぜる。

コーンポタージュそうめん

材料

そうめん 1回分	コーンクリーム 20g	玉ねぎ 10g

＋ 粉ミルク…大さじ1½

作り方

1 そうめんは耐熱容器に入れ、電子レンジで40秒加熱する。

2 1のラップを外し、残りすべての材料を入れ、ふんわりとラップをかける。電子レンジで1分加熱し、サッと混ぜる。

煮込みそうめん

材料

そうめん 1回分	さやいんげん 10g	かぼちゃ 10g	Ⓐ 和風だし 大さじ3

＋ Ⓐ水溶き片栗粉…小さじ1

作り方

1 そうめんは耐熱容器に入れ、電子レンジで40秒加熱する。ラップを外し、Ⓐを加え、ふんわりとラップをかけて電子レンジでさらに30秒加熱してよく混ぜ、器に盛る。

2 別の耐熱容器にさやいんげんとかぼちゃをそれぞれ入れ、ふんわりとラップをかける。電子レンジで30秒ずつ加熱し、1にのせる。

＼たまには…／

フリージング食材を使わず調理

アスパラとにんじんのおかゆ

調理後フリージングOK

材料（3回分）

7倍がゆ…3回分
グリーンアスパラガス（穂先）…15ｇ
にんじん…15ｇ

作り方

1 アスパラ、にんじんはやわらかくゆで、みじん切りにする。

2 ボウルに7倍がゆ*、1を入れてサッと混ぜる。粗熱がとれたら、3等分して冷凍用保存容器に入れて冷凍する。

3回分！

＊作り方はP.52の冷凍前までを参照。

卵とズッキーニのミルクパンがゆ

調理後フリージングOK

材料（3回分）

食パン（8枚切り）…1½枚
ズッキーニ（皮をむいたもの）…60ｇ
粉ミルク…1カップ
溶き卵…大さじ2（30ｇ）

作り方

1 ズッキーニはやわらかくゆで、みじん切りにする。食パンは耳を切り落とし、細かくちぎる。

2 鍋に1、粉ミルクを入れて中火にかける。沸騰したら弱火にし、やわらかくなるまで煮る。溶き卵を回し入れ、しっかり火が通るまで煮る。粗熱がとれたら、3等分して冷凍用保存容器に入れて冷凍する。

3回分！

カレイとさやいんげんのトマト煮

材料

カレイ	さやいんげん	Ⓐ野菜スープ	
10g	20g	大さじ½	＋トマトジュース（無塩）…大さじ½ ＋Ⓐ水溶き片栗粉…小さじ1

作り方

1 カレイ、さやいんげん、トマトジュースは耐熱容器に入れてふんわりとラップをかけ、電子レンジで40秒加熱する。

2 1にⒶを入れてサッと混ぜ、ふんわりとラップをかけ、電子レンジで20秒加熱してよく混ぜる。

カレイとブロッコリーあんかけ

材料

カレイ	ブロッコリー	Ⓐ和風だし	
10g	20g	小さじ2	＋Ⓐ水溶き片栗粉…小さじ⅔

作り方

1 ブロッコリーは耐熱容器に入れてふんわりとラップをかけ、電子レンジで20秒加熱する。Ⓐを加えてサッと混ぜ、ふんわりとラップをかけ、さらに20秒加熱してよく混ぜ、器に盛る。

2 カレイは別の耐熱容器に入れてふんわりとラップをかけ、電子レンジで20秒加熱して1にのせる。

カレイとかぼちゃの豆乳スープ

材料

カレイ 10g

かぼちゃ 20g

＋ 無調整豆乳…大さじ2

作り方

1 カレイ、かぼちゃは耐熱容器に入れてふんわりとラップをかけ、電子レンジで30秒加熱する。豆乳を加え、ふんわりとラップをかけ、さらに20秒加熱する。

カレイと玉ねぎの コーンクリームあん

材料

カレイ 10g

玉ねぎ 20g

コーンクリーム 15g

＋ Ⓐ粉ミルク…小さじ2 ＋ Ⓐ水溶き片栗粉…小さじ2/3

作り方

1 カレイ、玉ねぎは耐熱容器に入れてふんわりとラップをかけ、電子レンジで20秒加熱して器に盛る。

2 別の耐熱容器にコーンクリームを入れてふんわりとラップをかけ、電子レンジで20秒加熱する。Ⓐを加えてサッと混ぜ、ふんわりとラップをかけさらに20秒加熱し、1にかける。

鮭とブロッコリーのチーズあえ

材料

- 鮭 10g 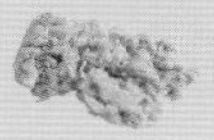
- ブロッコリー 20g 
- ＋ Ⓐカッテージチーズ（裏漉しタイプ）…小さじ1
- ＋ Ⓐ粉ミルク…小さじ1

作り方

1 鮭、ブロッコリーは耐熱容器に入れてふんわりとラップをかけ、電子レンジで30秒加熱する。Ⓐを加えてサッとあえる。

鮭と大根の煮物

材料

- 鮭 10g 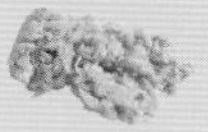
- 大根 20g 
- Ⓐ和風だし 小さじ2
- ＋ Ⓐ水溶き片栗粉…小さじ1

作り方

1 鮭、大根は耐熱容器に入れてふんわりとラップをかけ、電子レンジで30秒加熱する。

2 1にⒶを加えてサッと混ぜ、ふんわりとラップをかけ、電子レンジで30秒加熱する。

鮭とさやいんげんのミルク煮

材料

- 鮭 10g 
- さやいんげん 20g 
- ＋ Ⓐ粉ミルク…小さじ1
- ＋ Ⓐ水溶き片栗粉…小さじ½

作り方

1 鮭、さやいんげんは耐熱容器に入れてふんわりとラップをかけ、電子レンジで30秒加熱する。

2 1にⒶを加えてサッと混ぜ、ふんわりとラップをかけ、電子レンジで20秒加熱し、よく混ぜる。

鮭とかぼちゃの白あえ

材料

鮭 10g

かぼちゃ 15g

和風だし 小さじ2

＋ 絹ごし豆腐…20g

作り方

1 鮭、かぼちゃ、絹ごし豆腐は耐熱容器に入れてふんわりとラップをかけ、電子レンジで30秒加熱する。

2 1の豆腐をつぶし、和風だしを加えてサッとあえる。

ささみとブロッコリーのコーンシチュー

材料

Ⓐささみ 10g

Ⓐブロッコリー 10g

Ⓐ玉ねぎ 10g

Ⓐコーンクリーム 15g

＋ Ⓐ粉ミルク…大さじ1½

＋ 水溶き片栗粉…小さじ½

作り方

1 Ⓐは耐熱容器に入れてふんわりとラップをかけ、電子レンジで1分加熱する。

2 1に水溶き片栗粉を加えてサッと混ぜ、ふんわりとラップをかけ、電子レンジでさらに20秒加熱してよく混ぜる。

ささみとかぼちゃのミルクあえ

材料

- ささみ 10g

- かぼちゃ 20g
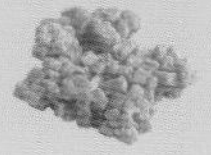
- ＋ 粉ミルク…大さじ1

作り方

1 ささみ、かぼちゃは耐熱容器に入れてふんわりとラップをかけ、電子レンジで40秒加熱する。粉ミルクを加えてサッと混ぜる。

ささみとさやいんげんのみぞれあえ

材料

- ささみ 10g

- さやいんげん 10g
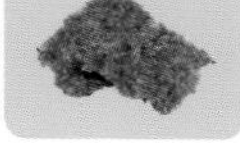
- 大根 10g

- ＋ 白すりごま…少々

作り方

1 ささみ、さやいんげん、大根は耐熱容器に入れてふんわりとラップをかけ、電子レンジで40秒加熱する。器に盛り、ごまをふる。

ささみと大根のおかかあえ

材料

- Ⓐ ささみ 10g

- Ⓐ 大根 20g

- Ⓐ 和風だし 小さじ½

- ＋ かつお節…少々

作り方

1 Ⓐは耐熱容器に入れてふんわりとラップをかけ、電子レンジで40秒加熱する。器に盛り、かつお節を細かくくだいてふる。

＼たまには…／

フリージング食材を使わず調理

小松菜と白菜の卵とじ

調理後フリージングOK

材料（3回分）

小松菜（葉先）…20ｇ
白菜（葉先）…30ｇ
和風だし…½カップ
溶き卵…大さじ3

作り方

1 小松菜、白菜はやわらかくゆでてみじん切りにする。

2 鍋に和風だしを入れて中火にかけ、沸騰したら1を加えてサッと煮る。溶き卵を回し入れ、ふたをして弱火にし、火が通るまで煮る。粗熱がとれたら、3等分して冷凍用保存容器に入れ、冷凍する。

3回分！

まぐろと野菜のとろとろ

調理後フリージングOK

材料（3回分）

まぐろ（刺身用）…3切れ（30ｇ）
なす…½本（40ｇ）
オクラ…6本（正味30ｇ）
トマト水煮缶（カット）…50ｇ
水…½カップ

作り方

1 なすは皮をむいてみじん切りにし、5分ほど水にさらして水けをきる。オクラは縦半分に切って種を取り除き、やわらかくゆでてみじん切りにする。トマト水煮はみじん切りにする。

2 鍋に1、まぐろ、水を入れて中火にかける。沸騰したら弱火にし、やわらかくなるまで煮る。まぐろは火が通ったら取り出し、細かくほぐして戻し入れる。粗熱がとれたら、3等分して冷凍用保存容器に入れ、冷凍する。

3回分！

大豆とカリフラワーのミルク煮

材料（3回分）

調理後フリージングOK

蒸し大豆…20ｇ
カリフラワー…3房（45ｇ）
絹さや…10枚（20ｇ）
粉ミルク…大さじ4
水溶き片栗粉…大さじ½

作り方

1 蒸し大豆は薄皮を取って極みじん切りにする。カリフラワーは穂先をそいでみじん切りにする。絹さやはやわらかくゆでてみじん切りにする。

2 鍋に1、粉ミルクを入れて中火にかけ、沸騰したら弱火にし、やわらかくなるまで煮る。水溶き片栗粉を加え、とろみをつける。粗熱がとれたら、３等分して冷凍用保存容器に入れ、冷凍する。

3回分！

鶏ひき肉とキャベツののりあえ

材料（3回分）

調理後フリージングOK

鶏ひき肉…30ｇ
キャベツ…60ｇ
水…¾カップ
水溶き片栗粉…大さじ1
青のり…小さじ¼

作り方

1 キャベツはみじん切りにする。

2 鍋にひき肉、水を入れてほぐし、中火にかける。沸騰したら弱火にし、火が通ったらひき肉を取り出し、すりつぶす。

3 2の鍋に1を加えてやわらかくなるまで煮る。ひき肉を戻し入れ、水溶き片栗粉を加えてとろみをつけて、青のりを加えてサッと混ぜる。粗熱がとれたら、３等分して冷凍用保存容器に入れ、冷凍する。

3回分！

7～8か月ごろの イベントレシピ

ハロウィン & クリスマス

赤ちゃんとお祝いしたい季節の行事。いつもの一品にちょっと手間を加えて、楽しい思い出に。

顔は綿棒で描くとカンタン！

ハロウィン

ジャックオーランタンがゆ

材料

7倍がゆ…1回分
かぼちゃ…20ｇ
ほうれん草（葉先）…1枚（5ｇ）
湯…適量

作り方

1 7倍がゆは耐熱容器に入れ、ふんわりとラップをかけて電子レンジで1分20秒加熱する。

2 かぼちゃとほうれん草はやわらかくゆで、それぞれをすりつぶし、ほうれん草は湯で少しかために伸ばす。

3 1にかぼちゃを加えて混ぜる。器に盛り、ほうれん草で顔を描く。

リースのおかゆ

材料

7倍がゆ…1回分
ブロッコリー…20ｇ
にんじん…10ｇ
ホールコーン缶…5粒

作り方

1 7倍がゆは耐熱容器に入れ、ふんわりとラップをかけて電子レンジで1分20秒加熱する。

2 ブロッコリー、にんじんはやわらかくゆでる。ブロッコリーは穂先をそいでみじん切り、にんじんはみじん切り、コーンは薄皮を取り除いてみじん切りにする。

3 器に1を盛り、ブロッコリーをリース状に丸くのせ、にんじん、コーンをトッピングする。

クリスマス

食材の粒つぶ感がやさしいリースに

副菜 さやいんげんと玉ねぎのおかかあえ

材料

さやいんげん 10g

玉ねぎ 10g

＋ かつお節…少々

作り方

1 さやいんげん、玉ねぎは耐熱容器に入れてふんわりとラップをかけ、電子レンジで30秒加熱する。

2 1にかつお節を細かくくだいて加え、サッとあえる。

さやいんげんと大根のとろみ煮

材料

さやいんげん 10g

大根 10g

Ⓐ 和風だし 大さじ1

＋ Ⓐ 水溶き片栗粉…小さじ1

作り方

1 さやいんげん、大根は耐熱容器に入れてふんわりとラップをかけ、電子レンジで30秒加熱する。

2 Ⓐを加えてサッと混ぜ、ふんわりとラップをかけ、電子レンジで20秒加熱してよく混ぜる。

大根のミルク煮

材料

大根 20g

＋ Ⓐ 粉ミルク…大さじ1 ＋ Ⓐ 水溶き片栗粉…小さじ1 ＋ きな粉…少々

作り方

1 大根は耐熱容器に入れてふんわりとラップし、電子レンジで20秒加熱する。

2 1にⒶを加えてサッと混ぜ、ふんわりとラップをかけ、さらに30秒加熱する。器に盛り、きな粉をふる。

大根入りコーンクリームスープ

材料

大根
10g

コーン
クリーム
20g

＋ 粉ミルク
…大さじ1½

作り方

1 すべての材料を耐熱容器に入れてふんわりとラップをかけ、電子レンジで40秒加熱する。

かぼちゃのスープ

材料

かぼちゃ
20g

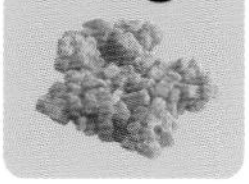

＋ 粉ミルク
…大さじ1½

作り方

1 すべての材料を耐熱容器に入れてふんわりとラップをかけ、電子レンジで40秒加熱する。

かぼちゃのトマトマッシュ

材料

かぼちゃ 10g

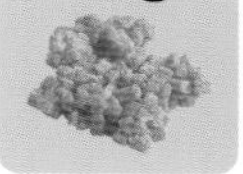

玉ねぎ 10g

＋ トマトジュース（食塩不使用）…小さじ1

作り方

1 かぼちゃ、玉ねぎは耐熱容器に入れてふんわりとラップをかけ、電子レンジで30秒加熱する。

2 1をへらなどでざっとつぶし、トマトジュースを加えてサッと混ぜる。

ブロッコリーと玉ねぎのだし煮

材料

ブロッコリー 10g

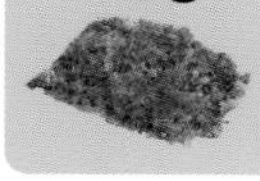

玉ねぎ 10g

Ⓐ和風だし 大さじ1

＋ Ⓐ水溶き片栗粉…小さじ1

作り方

1 ブロッコリー、玉ねぎは耐熱容器に入れてふんわりとラップをかけ、電子レンジで30秒加熱する。

2 1にⒶを加えてサッと混ぜ、ふんわりとラップをかけ、電子レンジで30秒加熱してよく混ぜる。

ブロッコリーのチーズあえ

材料

ブロッコリー 20g

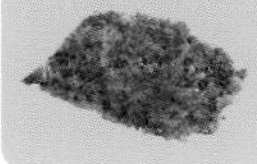

＋ カッテージチーズ（裏ごしタイプ）…小さじ1

作り方

1 ブロッコリーは耐熱容器に入れてふんわりとラップをかけ、電子レンジで30秒加熱する。カッテージチーズを加え、サッとあえる。

＼たまには…／

フリージング食材を使わず調理

さつまいもとにんじんのマッシュサラダ

調理後フリージングOK

材料（3回分）

さつまいも…30ｇ（正味）
にんじん…30ｇ
粉ミルク…小さじ1

作り方

1 さつまいもは1㎝幅、にんじんは5㎜幅の輪切りにし、やわらかくゆでる。

2 1をフォークなどでつぶし、粉ミルクを加えて混ぜる。粗熱がとれたら、3等分して冷凍用保存容器に入れ、冷凍する。

3回分！

白菜とにらのだし煮

調理後フリージングOK

材料（3回分）

白菜（葉先）…40ｇ
にら…⅕袋（20ｇ）
和風だし…½カップ
水溶き片栗粉…小さじ1

作り方

1 白菜、にらはみじん切りにする。

2 鍋に1、和風だしを入れてやわらかくなるまで煮て、水溶き片栗粉を加えてとろみをつける。粗熱がとれたら、3等分して冷凍用保存容器に入れ、冷凍する。

3回分！

オクラとかぶの煮物

調理後
フリージング
OK

材料（3回分）

オクラ…30ｇ（正味）
かぶ…30ｇ（正味）
水…½カップ
水溶き片栗粉…大さじ½
かつお節…ふたつまみ

作り方

1 オクラは縦半分に切って種を取り除き、やわらかくゆでてみじん切りにする。かぶはみじん切りにする。

2 鍋に1、水を入れて中火にかけ、やわらかくなったら水溶き片栗粉を加えてとろみをつける。かつお節を細かくくだいて加え、サッと混ぜる。粗熱がとれたら、３等分して冷凍用保存容器に入れ、冷凍する。

3回分！

小松菜とカリフラワーのトマト煮

材料（3回分）

調理後
フリージング
OK

小松菜（葉先）…20ｇ
カリフラワー…3房（45ｇ）
ミニトマト…5個（60ｇ）
水…¼カップ
水溶き片栗粉…大さじ½

作り方

1 小松菜はやわらかくゆでてみじん切りにする。カリフラワーは穂先をそいでみじん切りにする。ミニトマトは湯むきして種を取り、みじん切りにする。

2 鍋に1、水を入れてやわらかく煮て、水溶き片栗粉を加えてとろみをつける。粗熱がとれたら、３等分して冷凍用保存容器に入れ、冷凍する。

3回分！

これを使ってできちゃいます！

ベビーフード活用レシピ

食材の種類や形状、味付も豊富なベビーフード。
上手に使って、ママ・パパの頼もしい味方にしましょう。

和光堂 手作り応援
鶏レバーと緑黄色野菜（アサヒグループ食品）

粉末タイプだからカンタンにレバーの鉄分がとれる！

さつまいものレバーあえ

材料

「鶏レバーと緑黄色野菜」…1袋
湯…大さじ1
さつまいも…20ｇ

作り方

1 さつまいもは皮をむき、やわらかくゆでて５㎜角に切る。

2 「鶏レバーと緑黄色野菜」は湯を加えて混ぜ、1とあえる。

トマトを加えて、見た目も鮮やか！

レバーとトマトのパンがゆ

材料

「鶏レバーと緑黄色野菜」…1袋
食パン（8枚切り）…½枚
粉ミルク…⅓カップ
トマト…10ｇ

作り方

1 トマトは湯むきして種を取り、みじん切りにする。

2 食パンは耳を切り落として細かくちぎり、鍋に入れる。粉ミルクを加えて弱火にかけ、やわらかくなるまで煮る。「鶏レバーと緑黄色野菜」を加えてサッと煮て器に盛り、1をのせる。

Q&A

7〜8か月ごろの食のお悩み

Q ベビーフードはよく食べるのに手作りの離乳食は進みません…。

A **便利なベビーフードは上手に取り入れて。**

赤ちゃんの好みは成長によって変わるので、「ベビーフードばかり…」と決めつけず、かたさや味付けなどの参考にしましょう。ゆでてきざんだ野菜と混ぜるなど、上手に使えばママ・パパの心強い味方に！

Q 食べたり食べなかったりムラがあって困ります。

A **赤ちゃん一人ひとりのペースを見極めて。**

食べるのが早い子もいれば、ゆっくりな子もいます。大人のように食欲がないときもあるでしょう。無理に食べさせなくても、授乳や次の日の食事で補えれば大丈夫。スプーンを変えるだけで急に食べられることもあります。

Q 「もっと!」と欲しがります。 食べすぎてないか心配です。

A **丸飲みしていないか確認して、大丈夫なら半量ぐらい与えて。**

よく食べる赤ちゃんは、丸飲みしている場合も多いので要注意！よくかめているか、食材がやわらかすぎていないかなど確認しましょう。「おなかいっぱいかな？」などの声かけで満腹感を伝えることも大切です。

Q アレルギーが心配だから特定の食材を避けても大丈夫?

A **避けても予防にはなりません。栄養不足につながることも。**

アレルギーが心配な気持ちはわかります。ですが、自己判断で避けてしまうと、卵など成長に必要なたんぱく源が不足することもあります。事前に検査するなど、医師に相談しましょう。(P.12参照)。

Q おいしく食べられるようしっかり味を付けてもいい?

A **発達に合わせた味付けで味覚を少しずつ育みます。**

離乳食開始〜２回食は、和風だしや野菜スープを使って食材の味を引き出すことがメイン。徐々に少量の調味料で調えて食欲を刺激します。薄味でさまざまな味を赤ちゃんに経験させるのは３回食からにしましょう。

カミカミ期

9～11か月ごろ

この時期の赤ちゃん

【体】 ＊両手とひざを床につけてハイハイができる。
＊つかまり立ちからつたい歩きを始める。
＊自力で床から立ち上がる一人立ちができる。

【口】 ＊頬をふくらませて歯ぐきですりつぶす。
＊舌を上下左右に動かすようになる。
＊すする動作ができるようになる。

主食

- 小松菜のごま風味おかゆ…81
- 納豆ひじきごはん…82
- カリフラワーとアスパラのチーズリゾット…82
- きのこそぼろどん…83
- パプリカのパンキッシュ…83
- ぶりと小松菜のパングラタン…83
- ひき肉とアスパラの和風パンがゆ…84
- 納豆としめじの和風パスタ…84
- パプリカとカリフラワーのパスタサラダ…84
- うどんチャンプルー…85
- 桜えびとキャベツのお好み焼き…85

主菜

- 豚肉とパプリカのみそ炒め…81
- 小松菜としめじの茶碗蒸し…86
- 納豆と小松菜のごま炒め…86
- 納豆とパプリカのとろとろ煮…87
- アスパラの納豆あんかけ…87
- ぶりとアスパラのみぞれ煮…87
- ぶりとカリフラワーのおかかあえ…88
- ぶりとパプリカののりマヨ炒め…88
- ひき肉と野菜のチーズ焼き…89
- 小松菜とひじきのそぼろ煮…89
- ひき肉とカリフラワーのトマト煮…89
- 豆腐とかぼちゃのおやき…90
- サーモンボールのスープ煮…90
- めかじきとチンゲン菜のレンコンとろみ煮…91
- チキンラタトゥイユ…91

副菜

- アスパラとしめじの和風スープ…81
- パプリカのチーズサラダ…93
- しめじとアスパラのみそ汁…93
- 小松菜のおひたし…93
- カリフラワーとひじきのとろみ煮…94
- 野菜のミルクあんかけ…94
- しめじののりあえ…95
- ミネストローネ…95
- パプリカとアスパラのバター炒め…95
- さつまいもとりんごの甘煮…96
- オクラののりあえ…96
- じゃがいもとさやいんげんのサラダ…97
- かぶのとろみ煮…97

おやつ

- コーン入りスイートポテト…98
- 納豆とにんじんのおやき…98
- いちごフレークヨーグルト…98
- ほうれん草とりんごのパンケーキ…99
- バナナフレンチトースト…99
- きな粉マカロニかぼちゃ…99

イベントレシピ

- ひしもちサンド…92
- かぶとと柏餅…92

ベビーフード活用レシピ

- 豆腐の野菜あんかけ…100
- しらすと野菜のクリームパスタ…100

…マークのあるレシピは、フリージング食材は使わずに調理します。調理後に、3回分フリージングできる分量となっています。

食べる意欲がアップして左右の歯ぐきでカミカミ！

離乳食開始から３～４か月が経ち、いよいよ後期に突入。食べ物への興味もぐんと高まるので、手づかみ食べしようとする姿も見られます。

◆食べさせ方

モグモグ期から引き続き、かむときに力が入るよう足の裏がしっかりつくイスを選びます。また、手づかみ食べしやすいように自由に手を動かせるテーブルの高さにしましょう。

特に汚れがひどいときは、かぶりタイプのエプロンなら脱がせるだけでラク。

シートなどを敷いておくと、汚れても片付けがラクになるのでおすすめ。

◆スケジュール例（１日３回）

8:00	1回目 **離乳食**＋おっぱい・ミルク
12:00	2回目 **離乳食**＋おっぱい・ミルク
15:00	おっぱい・ミルク／おやつ
18:00	3回目 **離乳食**＋おっぱい・ミルク
20:00	おっぱい・ミルク

チェックポイント

- □ 朝昼夜、１日３回に。家族と一緒に食べるようにしましょう。
- □ 離乳食後におっぱい・ミルクを欲しがらない場合は、飲ませなくてＯＫ。
- □ 離乳食と離乳食の間は４時間以上あけて。
- □ ３回の食事にひびかない程度におやつを与えてもよいでしょう。

◆進め方のポイント

❶ 自分で食べたい気持ちを大切に

手づかみ食べが始まると大変なのが後片付け。でも、手指の発達やスプーンなどを使ううえでも大切な行為です。負担にならないよう工夫して、なるべく温かく見守りましょう。

❷ バナナを指でつぶしたかたさに

舌が左右に動かせるようになると、歯ぐきで食べ物をかむようになります。その練習にぴったりなのがバナナのかたさ。かんでいる途中で次の食べ物を与えないようにすることも大切です。

❸ 少量の調味料で味に変化を

食べ物の好き嫌いも出始めますが、ほとんどが舌ざわりなど食べづらさからくるもの。とろみをつけたり、少量の調味料で変化をつけたりしながら、さまざまな食材を体験させましょう。

❹ 食事に集中できる環境作りを

食べる意欲が増えるこの時期に、食事の環境をいま一度見直しましょう。気になるおもちゃや絵本が視界に入らないか、テレビはつけっぱなしになっていないかなどをチェックして。

次のステップへの目安

- １日３食、しっかり食べられている。
- 手づかみ食べをよくするようになる。
- バナナぐらいのかたさの食べ物を、口を上下左右に動かしながら食べる。

パクパク期へ

冷凍するときは
粗熱をとってから
（ごはん以外）！

フリージング食材リスト

9～11か月のレシピで使うフリージング食材12種。
作りやすい食材の量とその作り方、フリージングした状態を紹介します。

5倍がゆ

材料（6回分）

ごはん…240g
水…3カップ

作り方

1 鍋にごはんと水を入れてふたをし、中火にかける。沸騰したら弱火にし、20分煮て火を止め、そのまま30分蒸らす。6等分してラップで包み、冷凍用保存袋に入れて冷凍する。

食パン

材料（4回分）

食パン（8枚切り）…3枚

作り方

1 食パンは耳を切り落とし、1cm角に切る。4等分してラップで包み、冷凍用保存袋に入れて冷凍する。

スパゲッティ

材料（6回分）

カッペリーニ（太さ0.8mm～1.1mm）…100g

作り方

1 カッペリーニはやわらかくゆでて1cmの長さに切る。6等分してラップで包み、冷凍用保存袋に入れて平らにならし、冷凍する。

納豆

材料（作りやすい分量）

ひきわり納豆…2パック

作り方

1 ひきわり納豆はサッと湯通しして水けをきる。冷凍用保存袋に入れて平らにならし、冷凍する。

ぶり

材料（6回分）

ぶり（刺身用）…9切れ（90ｇ）
水…大さじ½

作り方

1 耐熱容器にぶりを入れて水をかけ、ふんわりとラップをかけて電子レンジで１分加熱する。

2 粗くほぐし、冷凍用保存袋に入れて平らにならし、冷凍する。

小松菜

材料（作りやすい分量）

小松菜…1袋（200ｇ）

作り方

1 小松菜はやわらかくゆでて、粗みじんに切る。冷凍用保存袋に入れて平らにならし、冷凍する。

豚赤身ひき肉

材料（6回分）

豚赤身ひき肉…90ｇ
水…¾カップ

作り方

1 鍋にひき肉を入れ、水を少しずつ加えて箸でほぐし、中火にかける。沸騰したら弱火にし、火が通るまでしっかりと煮る。

2 1をザルにあげて水けをきり、冷凍用保存袋に入れて平らにならし、冷凍する。

パプリカ

材料（作りやすい分量）

赤パプリカ…½個（80ｇ）
黄パプリカ…½個（80ｇ）

作り方

1 パプリカはピーラーで皮をむき、やわらかくゆでて粗みじんに切る。冷凍用保存袋に入れて平らにならし、冷凍する。

カリフラワー

材料（作りやすい分量）

カリフラワー…¼株（150ｇ）

作り方

1 カリフラワーは小房に分けてやわらかくゆで、粗みじんに切る。冷凍用保存袋に入れて平らにならし、冷凍する。

ひじき

材料（作りやすい分量）

ひじき（乾燥）…大さじ2（6ｇ）

作り方

1 ひじきはたっぷりの水で戻し、やわらかくなるまでゆでてみじん切りにする。冷凍用保存袋に入れて平らにならし、冷凍する。

グリーンアスパラガス

材料（作りやすい分量）

グリーンアスパラガス…6本（120ｇ）

作り方

1 アスパラは根元を落とし、下から⅓はピーラーで皮をむき、長さを３等分に切る。

2 1をやわらかくゆで、粗みじんに切り、冷凍用保存袋に入れて平らにならし、冷凍する。

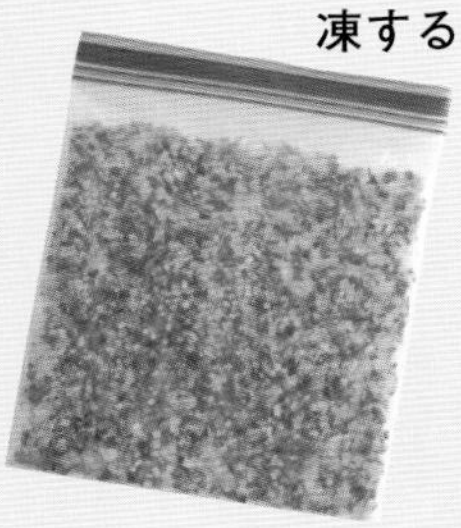

しめじ

材料（作りやすい分量）

しめじ…1袋（100ｇ）

作り方

1 しめじは根元を落として小房に分け、やわらかくゆでてみじん切りにする。冷凍用保存袋に入れて平らにならし、冷凍する。

主食 小松菜のごま風味おかゆ

材料

5倍がゆ
1回分

小松菜
20g

＋ 白すりごま…少々

作り方

1 5倍がゆは耐熱容器に入れ、電子レンジで2分加熱して器に盛る。

2 小松菜は別の耐熱容器に入れてふんわりとラップをかけ、電子レンジで30秒加熱する。1にのせ、ごまをふる。

主菜 豚肉とパプリカのみそ炒め

材料

豚赤身ひき肉
15g

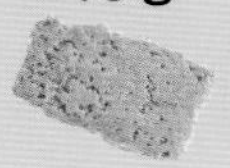

パプリカ
30g

＋ みそ…少々

作り方

1 ひき肉とパプリカは耐熱容器に入れてふんわりとラップをかけ、電子レンジで50秒加熱し、水けをきる。

2 1にみそを加え、サッと混ぜる。

副菜 アスパラとしめじの和風スープ

材料

グリーン
アスパラガス
15g

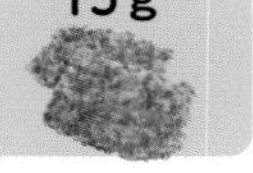

しめじ
10g

和風だし
大さじ3

作り方

1 耐熱容器にすべての材料を入れ、ふんわりとラップをかけて電子レンジで1分加熱する。

主食

納豆ひじきごはん

材料

5倍がゆ	納豆	ひじき
1回分	30g	10g

作り方

1 ５倍がゆは耐熱容器に入れ、電子レンジで2分加熱して器に盛る。

2 納豆とひじきは別の耐熱容器に入れてふんわりとラップをかけ、電子レンジで40秒加熱する。よく混ぜ、1にのせる。

カリフラワーとアスパラのチーズリゾット

材料

5倍がゆ	カリフラワー	グリーンアスパラガス
1回分	15g	15g

＋粉ミルク…小さじ2
＋粉チーズ…少々

作り方

1 ５倍がゆは耐熱容器に入れ、電子レンジで１分30秒加熱する。

2 1のラップを外し、カリフラワーとアスパラを入れてふんわりとラップをかけ、電子レンジで50秒加熱する。火が通ったら粉ミルクを加えて混ぜる。

3 2を器に盛り、粉チーズをふる。

きのこそぼろどん

材料

5倍がゆ 1回分

豚赤身ひき肉 15g

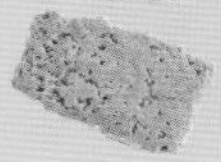

しめじ 30g

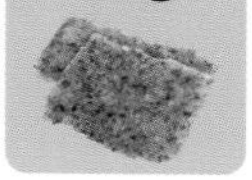

＋ 青のり…少々

作り方

1 5倍がゆは耐熱容器に入れ、電子レンジで２分加熱して器に盛る。

2 ひき肉としめじは別の耐熱容器に入れ、ふんわりとラップをかけて電子レンジで50秒加熱する。よく混ぜ、1にのせて青のりをふる。

パプリカのパンキッシュ

材料

食パン 1回分

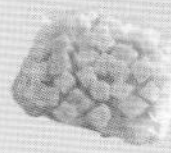

パプリカ 20g

＋ Ⓐ牛乳 …大さじ３

＋ Ⓐ溶き卵 …大さじ２

作り方

1 食パンは耐熱容器に入れ、電子レンジで20秒加熱する。

2 ボウルにⒶを入れて混ぜ合わせ、1とパプリカを加えてサッと混ぜ、浸す。

3 耐熱の器に2を入れてふんわりとラップをかけ、電子レンジで２分加熱する。

ぶりと小松菜のパングラタン

材料

食パン 1回分

ぶり 15g

小松菜 30g

＋ Ⓐ粉ミルク …大さじ１½

＋ Ⓐ水溶き片栗粉 …大さじ½

＋ ピザ用チーズ …３g

作り方

1 食パンは耐熱容器に入れ、電子レンジで20秒加熱する。

2 ぶりと小松菜は別の耐熱容器に入れてふんわりとラップをかけ、電子レンジで50秒加熱する。Ⓐを加えてサッと混ぜ、ふんわりとラップをかけてさらに40秒加熱してよく混ぜる。

3 耐熱の器に1を入れて2をかけ、ピザ用チーズをのせてふんわりとラップをかけ、電子レンジで30秒加熱する。

ひき肉とアスパラの和風パンがゆ

材料

食パン 1回分

豚赤身ひき肉 15g
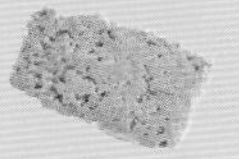

グリーンアスパラガス 20g
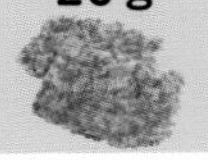

和風だし 大さじ3

＋ しょうゆ…少々

作り方

1 食パンは耐熱容器に入れ、電子レンジで20秒加熱する。

2 1のラップを外し、残りの材料入れてふんわりとラップをかけ、電子レンジで1分30秒加熱する。

納豆としめじの和風パスタ

材料

スパゲッティ 1回分

納豆 30g

しめじ 15g
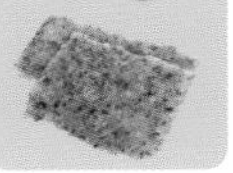

グリーンアスパラガス 15g
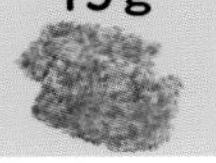

和風だし 大さじ1

＋ しょうゆ…少々

作り方

1 スパゲッティは耐熱容器に入れ、電子レンジで1分加熱する。

2 1のラップを外し、残りの材料を入れてふんわりとラップをかけ、電子レンジで1分20秒加熱する。

パプリカとカリフラワーのパスタサラダ

材料

スパゲッティ 1回分

パプリカ 15g

カリフラワー 15g

＋ Ⓐマヨネーズ…小さじ¼

＋ Ⓐプレーンヨーグルト（無糖）…大さじ1

作り方

1 スパゲッティは耐熱容器に入れ、電子レンジで1分加熱する。

2 1のラップを外し、パプリカ、カリフラワーを入れてふんわりとラップをかけ、電子レンジで50秒加熱する。水けをきってⒶを加え、サッとあえる。

＼たまには…／
フリージング食材を使わず調理

うどんチャンプルー

調理後フリージングOK

材料（3回分）

ゆでうどん…1袋（180ｇ）
ツナ缶（水煮）…1缶（70ｇ）
にんじん…30ｇ
にら…⅕袋（20ｇ）
もやし…⅕袋（40ｇ）
ごま油…少々
Ⓐ和風だし…大さじ1
Ⓐしょうゆ…小さじ¼

作り方

1 うどんはやわらかくゆでて１cmの長さに切る。ツナ缶はサッと湯通しし、ペーパータオルで水けを拭き、細かくほぐす。にんじんは５mm厚さの輪切りにしてやわらかくゆで、粗みじんに切る。にらは粗みじんに切り、もやしはひげ根をとってみじん切りにする。

2 フライパンにごま油を中火で熱し、にらともやしを炒める。しんなりしたらツナ、にんじん、うどんを加えて炒め、Ⓐを加えてサッとからめる。粗熱がとれたら、３等分してラップで包み、冷凍用保存袋に入れて冷凍する。

3回分！

桜えびとキャベツのお好み焼き

調理後フリージングOK

材料（3回分）

桜えび…大さじ1
キャベツ…½枚（50ｇ）
Ⓐ小麦粉、和風だし…各大さじ3
サラダ油…少々

作り方

1 キャベツは粗みじんに切る。桜えびは細かくきざむ。

2 ボウルにⒶを入れてよく混ぜ、1を加えて混ぜる。

3 フライパンにサラダ油を中火で熱し、2を⅓量ずつ丸く流し入れる。２～３分焼き、焼き目がついたら裏返し、弱火にしてふたをしてさらに２分ほど蒸し焼きにする。粗熱がとれたら、１枚ずつラップで包んで冷凍用保存袋に入れ、冷凍する。

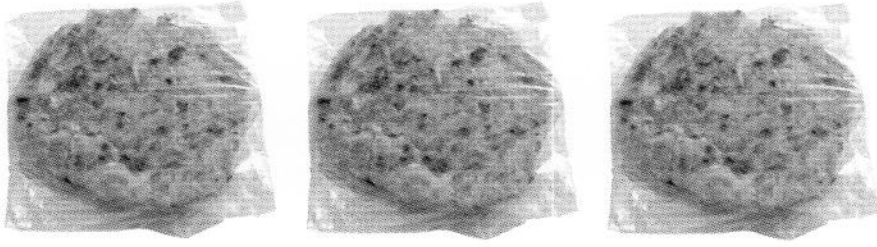

3回分！

小松菜としめじの茶碗蒸し

材料

- 小松菜 10g
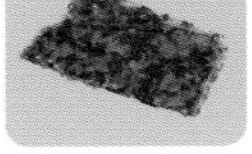
- しめじ 10g
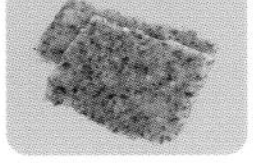
- Ⓐ野菜スープ 小さじ1

- ＋Ⓐ溶き卵 …大さじ1
- ＋Ⓐ粉ミルク …小さじ2

作り方

1 小松菜としめじは耐熱容器に入れ、ふんわりとラップをかけて電子レンジで30秒加熱する。

2 1にⒶを加えてサッと混ぜ、耐熱の器に移し入れる。ふんわりとラップをかけて電子レンジで40秒加熱する。

納豆と小松菜のごま炒め

材料

- 納豆 30g

- 小松菜 30g

- ＋Ⓐしょうゆ、白すりごま …各少々

作り方

1 納豆と小松菜は耐熱容器に入れてふんわりとラップをかけ、電子レンジで1分10秒加熱する。Ⓐを加えてサッと混ぜる。

納豆とパプリカのとろとろ煮

材料

- 納豆 30g
- パプリカ 30g
- Ⓐ和風だし 小さじ2
- ＋Ⓐ水溶き片栗粉…小さじ¼

作り方

1 納豆とパプリカは耐熱容器に入れてふんわりとラップをかけ、電子レンジで40秒加熱する。Ⓐを加えてサッと混ぜ、ふんわりとラップをかけ、さらに40秒加熱してよく混ぜる。

アスパラの納豆あんかけ

材料

- 納豆 30g
- グリーンアスパラガス 30g
- ひじき 5g
- Ⓐ和風だし 小さじ2
- ＋Ⓐ水溶き片栗粉…小さじ½

作り方

1 アスパラは耐熱容器に入れてふんわりとラップをかけ、電子レンジで40秒加熱して器に盛る。

2 別の耐熱容器に納豆、ひじきを入れてふんわりとラップをかけ、電子レンジで30秒加熱する。Ⓐを加えてサッと混ぜ、ふんわりとラップをかけ、さらに30秒加熱してよく混ぜ、1にかける。

ぶりとアスパラのみぞれ煮

材料

- ぶり 15g
- グリーンアスパラガス 30g
- Ⓐ和風だし 小さじ2
- ＋かぶ…¼個（20g）
- ＋Ⓐ水溶き片栗粉…小さじ1

作り方

1 かぶは皮をむいてすりおろす。

2 耐熱容器に1、ぶり、アスパラを入れてふんわりとラップをかけ、電子レンジで1分加熱する。Ⓐを加えてサッと混ぜ、ふんわりとラップをかけ、さらに40秒加熱してよく混ぜる。

ぶりとカリフラワーのおかかあえ

材料

ぶり 15g
カリフラワー 30g
＋ かつお節…少々

作り方

1 ぶりとカリフラワーは耐熱容器に入れてふんわりとラップをかけ、電子レンジで1分加熱する。

2 かつお節は粗くくだき、1に加えてあえる。

ぶりとパプリカののりマヨ炒め

材料

ぶり 15g
パプリカ 30g
＋ マヨネーズ…小さじ¼
＋ 焼きのり…少々

作り方

1 ぶりとパプリカは耐熱容器に入れてふんわりとラップをかけ、電子レンジで50秒加熱し、水けをきる。

2 1にマヨネーズを加えてサッとあえ、器に盛り、焼きのりを5㎜角程度に切ってのせる。

ひき肉と野菜のチーズ焼き

材料

豚赤身ひき肉 10g ／ パプリカ 15g ／ しめじ 15g

＋ ピザ用チーズ…3g

作り方

1 ひき肉、パプリカ、しめじは耐熱容器に入れてふんわりとラップをかけ、電子レンジで40秒加熱する。

2 1を耐熱の器に盛り、ピザ用チーズをのせてふんわりとラップをかけ、電子レンジで30秒加熱する。

小松菜とひじきのそぼろ煮

材料

豚赤身ひき肉 15g ／ 小松菜 20g ／ ひじき 5g ／ Ⓐ和風だし 小さじ2

＋ Ⓐ水溶き片栗粉…小さじ1

作り方

1 ひき肉、小松菜、ひじきは耐熱容器に入れてふんわりとラップをかけ、電子レンジで50秒加熱する。Ⓐを加えてサッと混ぜ、ふんわりとラップをかけ、さらに30秒加熱してよく混ぜる。

ひき肉とカリフラワーのトマト煮

材料

豚赤身ひき肉 15g ／ カリフラワー 30g ／ 野菜スープ 小さじ2

＋ トマト水煮缶（カット）…30g

＋ 塩…少々

作り方

1 トマト水煮は粗みじん切りにする。

2 耐熱容器に1と残りの材料を入れてふんわりとラップをかけ、電子レンジで1分30秒加熱する。

＼たまには…／

フリージング食材を使わず調理

豆腐とかぼちゃのおやき

調理後フリージングOK

材料（3回分）

木綿豆腐…⅙丁（50ｇ）
小町麩…3個
かぼちゃ…80ｇ（正味）
水…大さじ½
Ⓐ片栗粉…小さじ1
Ⓐ塩…少々
バター…5ｇ

作り方

1 かぼちゃは皮をむいて耐熱容器に入れ、水をかけてふんわりとラップをかける。電子レンジで３分加熱し、熱いうちになめらかにつぶす。木綿豆腐はペーパータオルで水けをふきとる。麩はすりおろす。

2 かぼちゃに木綿豆腐、麩、Ⓐを加えてよく混ぜ、6等分にして丸める。

3 フライパンにバターを中火で熱し、2を入れ、弱火にしてふたをし、両面を２～３分ずつ蒸し焼きにする。

4 粗熱がとれたら、２つずつラップで包み、冷凍用保存袋に入れて冷凍する。

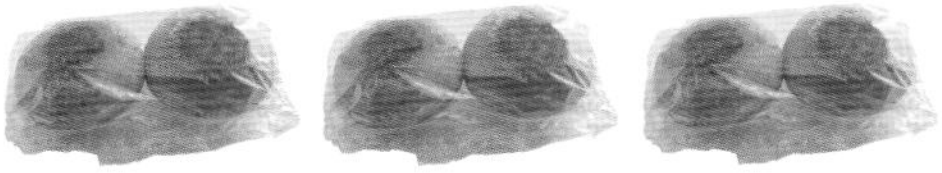

3回分！

サーモンボールのスープ煮

調理後フリージングOK

材料（3回分）

鮭…½切れ（50ｇ）
ズッキーニ…½本（75ｇ）
玉ねぎ…⅙個（30ｇ）
Ⓐパン粉…大さじ3
Ⓐ牛乳…大さじ½
水…¾カップ
水溶き片栗粉…大さじ½

作り方

1 鮭は皮と骨を取り除き、細かくたたく。ボウルに入れてⒶを加えて混ぜ、６等分して丸める。ズッキーニは皮をむいて５㎜角のみじん切りに、玉ねぎは粗みじん切りにする。

2 鍋に水を入れて火にかけ、沸騰したら1を入れる。弱火にしてふたをし、やわらかくなるまで煮る。水溶き片栗粉を加えてよく混ぜ、とろみをつける。粗熱がとれたら、３等分し、冷凍用保存容器に入れて冷凍する。

3回分！

めかじきとチンゲン菜のレンコンとろみ煮

調理後フリージングOK

材料（3回分）

めかじき…½切れ（50ｇ）
チンゲン菜…½株（50ｇ）
れんこん…40ｇ
和風だし…¾カップ
しょうゆ…小さじ¼

作り方

1 めかじきは薄切りにする。チンゲン菜は粗みじんに切る。れんこんはすりおろす。

2 鍋に和風だしを入れて中火にかけ、沸騰したらめかじきとチンゲン菜を入れる。再び沸騰したら弱火にし、ふたをしてやわらかくなるまで煮る。めかじきは火が通ったら取り出し、粗くほぐす。

3 2にめかじきを戻し入れ、れんこん、しょうゆを加えて５～６分煮る。粗熱がとれたら、３等分して冷凍用保存容器に入れ、冷凍する。

3回分！

チキンラタトゥイユ

調理後フリージングOK

材料（3回分）

鶏もも肉…⅙枚（50ｇ）
玉ねぎ…30ｇ
トマト…½個
（100ｇ、正味70ｇ）
さやいんげん…2本（15ｇ）
オリーブ油…少々
Ⓐ水…¼カップ
Ⓐ塩…少々

作り方

1 鶏肉は皮と脂身を取り除き、細かくきざむ。玉ねぎは粗みじん切りに、さやいんげんはみじん切りにする。トマトは湯むきして種を取り除き、粗みじんに切りにする。

2 鍋にオリーブ油を中火で熱し、鶏肉を炒める。色が変わったら玉ねぎ、トマト、さやいんげんを加えて炒め、Ⓐを加える。沸騰したら弱火にし、ふたをしてやわらかくなるまで煮る。粗熱がとれたら、３等分にして冷凍用保存容器に入れ、冷凍する。

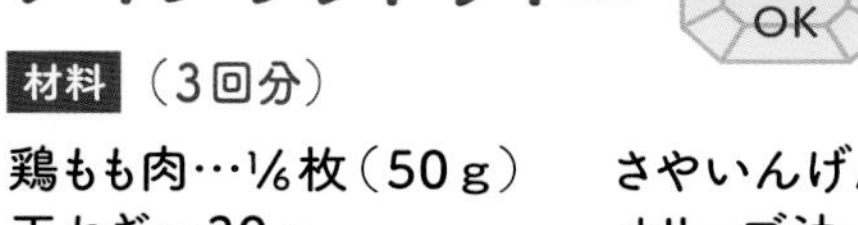

3回分！

9～11か月ごろのイベントレシピ

ひな祭り & こどもの日

赤ちゃんとお祝いしたい季節の行事。いつもの一品にちょっと手間を加えて、楽しい思い出に。

ひしもちサンド

材料

食パン（8枚切り）…¾枚
鮭…5g
小松菜（葉先）…1枚（5g）
カッテージチーズ（裏ごしタイプ）…小さじ2

作り方

1 食パンは耳を切り落とし、ひし形に切る。鮭、小松菜はやわらかくゆで、鮭はほぐし、小松菜はみじん切りにする。

2 鮭、小松菜は、それぞれ半量のカッテージチーズと混ぜ合わせる。トッピング用に少し取り分けて、残りを食パンではさむ。上に鮭、小松菜をトッピングする。

かぶとと柏餅

材料

＜柏餅＞

じゃがいも…30g
ほうれん草（葉先）…1枚（5g）
粉ミルク…適量

＜かぶと＞

じゃがいも…20g
にんじん…5g

作り方

＜柏餅＞

1 じゃがいもはやわらかくゆでてつぶす。

2 ほうれん草はやわらかくゆでてみじん切りにし、じゃがいもの⅓量に混ぜ、楕円形に薄くのばす。

3 残りのじゃがいもはかたければ粉ミルクでのばして丸め、2で包む。楊枝で葉脈を描く。

＜かぶと＞

1 じゃがいもはやわらかくゆでてつぶし、かたければ粉ミルク（分量外）を加えてのばす。にんじんはやわらかくゆでてみじん切りにし、じゃがいもの半量に混ぜる。

2 残りのじゃがいもは三角形に成形して器に盛り、1のにんじん入りのじゃがいもでかぶとの形を作り、トッピングする。

副菜　パプリカのチーズサラダ

材料

パプリカ 30g

＋ 粉チーズ…少々

作り方

1 パプリカは耐熱容器に入れてふんわりとラップをかけ、電子レンジで50秒加熱して水けをきる。粉チーズを加えてサッとあえる。

しめじとアスパラのみそ汁

材料

しめじ 15g

グリーンアスパラガス 15g
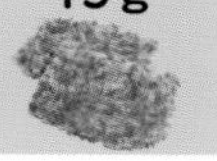
和風だし 大さじ2

＋ みそ…少々

作り方

1 しめじ、アスパラ、和風だしは耐熱容器に入れてふんわりとラップをかけ、電子レンジで1分20秒加熱する。みそを加えて混ぜる。

9～11か月ごろ カミカミ期

小松菜のおひたし

材料

小松菜 30g

Ⓐ 和風だし 小さじ1

＋ Ⓐ しょうゆ…少々

作り方

1 小松菜は耐熱容器に入れてふんわりとラップをかけ、電子レンジで30秒加熱する。Ⓐを加えてあえる。

カリフラワーとひじきのとろみ煮

材料

カリフラワー 30g

ひじき 5g

Ⓐ 和風だし 大さじ1

＋ Ⓐ 水溶き片栗粉…小さじ1

作り方

1 カリフラワーとひじきは耐熱容器に入れてふんわりとラップをかけ、電子レンジで50秒加熱する。

2 1にⒶを加えてサッと混ぜ、ふんわりとラップをかけ、さらに30秒加熱してよく混ぜる。

野菜のミルクあんかけ

材料

パプリカ 15g

カリフラワー 15g

＋ 粉ミルク…大さじ1½ ＋ 水溶き片栗粉…小さじ1

作り方

1 パプリカとカリフラワーは耐熱容器に入れてふんわりとラップをかけ、電子レンジで40秒加熱して器に盛る。

2 別の耐熱容器に粉ミルクと水溶き片栗粉を入れてサッと混ぜ、ふんわりとラップをかけて電子レンジで30秒加熱し、よく混ぜて1にかける。

しめじののりあえ

材料

しめじ 30g

＋ 焼きのり、しょうゆ…各少々

作り方

1 しめじは耐熱容器に入れてふんわりとラップをかけ、電子レンジで30秒加熱する。

2 焼きのりは5㎜角程度に切って1に加え、しょうゆを加えてサッとあえる。

ミネストローネ

材料

小松菜 10g

しめじ 10g

グリーンアスパラガス 10g

野菜スープ 大さじ1½

＋ トマトジュース（食塩不使用）…大さじ1½

作り方

1 耐熱容器にすべての材料を入れてふんわりとラップをかけ、電子レンジで1分30秒加熱する。

パプリカとアスパラのバター炒め

材料

パプリカ 15g

グリーンアスパラガス 15g

＋ バター…少々

作り方

1 耐熱容器にすべての材料を入れてふんわりとラップをかけ、電子レンジで40秒加熱する。

＼たまには…／
フリージング食材を使わず調理

さつまいもとりんごの甘煮
調理後フリージングOK

材料（3回分）

さつまいも…60ｇ（正味）
りんご…1/8個（30ｇ）
Ⓐ水…大さじ2
Ⓐ砂糖…小さじ¼

作り方

1 さつまいもは皮をむいて１㎝角、りんごは皮をむいて５㎜角に切る。

2 耐熱容器に1とⒶを入れてふんわりとラップをかけ、電子レンジで２分加熱する。粗熱がとれたら、３等分して冷凍用保存容器に入れ、冷凍する。

3回分！

オクラののりあえ
調理後フリージングOK

材料（3回分）

オクラ…６本（正味30ｇ）
Ⓐ和風だし…大さじ1
Ⓐしょうゆ…少々
焼きのり　少々

作り方

1 オクラは縦半分に切って種を取り除き、やわらかくゆでて粗みじんに切る。焼きのりは５㎜角程度に切る。

2 ボウルにオクラ、Ⓐ、焼きのりを入れてあえる。粗熱がとれたら、３等分にして冷凍用保存容器に入れ、冷凍する。

3回分！

じゃがいもとさやいんげんのサラダ

調理後フリージングOK

材料（3回分）

じゃがいも…½個（60ｇ）
さやいんげん…4本（30ｇ）
Ⓐ粉ミルク…大さじ1
Ⓐマヨネーズ…小さじ¼

作り方

1 じゃがいもは皮をむいてひと口大に切り、水に５分ほどさらして水けをきる。耐熱容器に入れてふんわりとラップをかけ、電子レンジで２分30秒加熱してフォークなどでつぶす。さやいんげんはやわらかくゆでてみじん切りにする。

2 ボウルに1とⒶを入れてあえる。粗熱がとれたら、３等分して冷凍用保存容器に入れ、冷凍する。

3回分！

かぶのとろみ煮

調理後フリージングOK

材料（3回分）

かぶ…1個（80ｇ）
かぶの葉…1個分（正味5ｇ）
和風だし…½カップ
水溶き片栗粉…大さじ½

作り方

1 かぶは粗みじんに切り、かぶの葉先はみじん切りにする。

2 鍋に和風だしを入れて中火にかけ、沸騰したら1を入れて弱火で煮る。やわらかくなったら水溶き片栗粉を加えてとろみをつける。粗熱がとれたら、３等分して冷凍用保存容器に入れ、冷凍する。

3回分！

おやつ

コーン入りスイートポテト

材料（1回分）

さつまいも…50ｇ
ホールコーン缶…10ｇ
Ⓐ砂糖…小さじ¼
Ⓐプレーンヨーグルト（無糖）…大さじ1

作り方

1 さつまいもは皮をむいてひと口大に切り、5分ほど水にさらして水けをきる。耐熱容器に入れてふんわりとラップをかけ、電子レンジで1分20秒加熱し、熱いうちにつぶす。コーンは薄皮を取り除き、粗みじんに切る。

2 ボウルに1とⒶを入れて混ぜ、3等分して丸める。

3 オーブントースターの天板にアルミホイルを敷き、2をならべて5分ほど焼く。

納豆とにんじんのおやき

材料（3回分）

5倍がゆ…1回分
ひきわり納豆…½パック（20ｇ）
にんじん…30ｇ
Ⓐ溶き卵…大さじ1
Ⓐ片栗粉…大さじ2
Ⓐ青のり…小さじ½
Ⓐしょうゆ…小さじ¼
ごま油…少々

作り方

1 にんじんはやわらかくゆでて粗みじんに切る。

2 ボウルに5倍がゆ、ひきわり納豆、1、Ⓐを入れて混ぜる。

3 フライパンにごま油を中火で熱し、2を⅙量ずつ落とし入れ、2分ほど焼く。焼き目がついたら裏返し、弱火にしてさらに2～3分焼く。

いちごフレークヨーグルト

材料（1回分）

プレーンヨーグルト（無糖）…50ｇ
いちご…1個
コーンフレーク…大さじ1（2ｇ）

作り方

1 いちごは5㎜角に切る。コーンフレークはくだく。

2 器にヨーグルト、コーンフレークを盛ってよく混ぜ、コーンフレークをふやかしてから、いちごをのせる。

ほうれん草とりんごのパンケーキ

材料（1回分）

ほうれん草…1枚（6ｇ）
りんご…10ｇ
Ⓐ小麦粉…大さじ2
Ⓐベーキングパウダー…小さじ⅛
Ⓐ砂糖…小さじ¼
牛乳…大さじ1½
バター…少々

作り方

1 ほうれん草はゆでて粗みじんに切る。りんごは粗みじんに切って耐熱容器に入れ、ふんわりとラップをかけ、電子レンジで20秒加熱する。

2 ボウルにⒶを入れてサッと混ぜ、牛乳、1を加えてその都度よく混ぜる。

3 フライパンにバターを中火で熱し、2を半量ずつ流し入れる。焼き色がついたら裏返し、ふたをして1～2分蒸し焼きにする。

バナナフレンチトースト

材料（1回分）

食パン（8枚切り）…¾枚
バナナ…⅕本（20ｇ）
Ⓐ牛乳…大さじ2½
Ⓐ卵…大さじ1
バター…少々

作り方

1 食パンは耳を切り落とし、1.5cm角に切る。バナナはつぶす。

2 バットにⒶを混ぜ合わせ、バナナを加えて混ぜる。食パンを入れ、卵液がしみ込むまでおく。

3 フライパンにバターを中火で熱し、2を焼く。焼き目がついたら裏返し、弱火にしてふたをし、3～4分蒸し焼きにする。

きな粉マカロニかぼちゃ

材料（1回分）

マカロニ…10ｇ
かぼちゃ…20ｇ
きな粉…少々

作り方

1 マカロニはやわらかくゆでて1cm幅に切る。かぼちゃは1cm角に切り、耐熱容器に入れてふんわりとラップをかけ、電子レンジで50秒加熱する。

2 1を盛り合わせ、きな粉をふる。

ベビーフード活用レシピ

これを使ってできちゃいます！

角切り野菜ミックス
（キユーピー株式会社）

食材の種類や形状、味付けも豊富なベビーフード。
上手に使って、ママ・パパの頼もしい味方にしましょう。

温めてかけるだけで栄養たっぷりの一品に

豆腐の野菜あんかけ

材料

「角切り野菜ミックス」…大さじ2
絹ごし豆腐…40ｇ
水…大さじ1

作り方

1 絹ごし豆腐は７㎜角に切り、耐熱容器に入れて水をかける。ふんわりとラップをかけ、電子レンジで30秒加熱して水けを切って器に盛る。

2 耐熱容器に「角切り野菜ミックス」を入れてふんわりとラップをかけ、電子レンジで20秒加熱して1にかける。

やさしい味付けに赤ちゃんもパクパク！

しらすと野菜のクリームパスタ

材料

「角切り野菜ミックス」…大さじ2
スパゲッティ…17ｇ
しらす…大さじ1
粉ミルク…大さじ2
水溶き片栗粉…大さじ½

作り方

1 スパゲッティはやわらかくゆでて１㎝の長さに切る。しらすは湯通しし、粗みじんに切る。

2 耐熱容器に1、「角切り野菜ミックス」、粉ミルクを入れてふんわりとラップをかけ、電子レンジで１分加熱する。水溶き片栗粉を加えてサッと混ぜ、ふんわりとラップをかけ、さらに30秒加熱してよく混ぜる。

Q&A

9～11か月ごろの食のお悩み

Q 大人の食べている濃いめの味を少しずつ与えてもいい？

A **大人も赤ちゃんも減塩を心がけて。**

離乳食がすすむと、次第に大人の食べているものを欲しがるようになります。取り分けても問題ない塩分、味付けの食事を心がけましょう。ただ、外食は濃い味になりがちなので、与え方や頻度には気を付けて。

Q 手づかみ食べをなかなかしようとしません。

A **「自分で食べたい」気持ちを促すためにも積極的に行って。**

９か月ぐらいから食べ物に興味を持ち始め、食べさせてもらう姿から、自分で食べるようになります。手づかみしたくなる形状や歯ごたえを工夫して、食べる意欲をどんどん引き出しましょう。

Q おやつや甘い物に夢中で、ごはんへの影響が心配です。

A **子どもは甘い物が大好き。ただし、あげすぎは禁物です。**

外出先や静かにさせたいときに市販の乳児用お菓子を与えがちですが、欲しがるたびに与えていると虫歯や肥満の原因になることも。おやつ＝補食と考えて、食事にひびかないよう１日の量を守りましょう。

Q しっかりかまずに丸飲みしてしまっています。

A **次の一口を与えるときは、飲み込んだことを確認してから。**

よく食べる赤ちゃんや食べるのが早い赤ちゃんほど、丸飲みする傾向があります。次々に口元にスプーンを近づけてしまうことも一因かも。しっかり飲み込めたことを確認してから次をあげるようにして。

Q そろそろ卒乳を考えたほうがいい？

A **赤ちゃんのペースを見て判断を。**

離乳食の進行に合わせて無理に卒乳する必要はありません。おっぱいやミルクが好きな赤ちゃんは、授乳タイムに安心感を得る場合もあります。様子を見ながら、少しずつ授乳回数を減らしましょう。

パクパク期

1歳〜1歳6か月ごろ

この時期の赤ちゃん

【体】 ＊どこにもつかまらず数秒立ち、一人歩きが始まる。
＊おもちゃのひもを引っぱって歩くことができる。
＊段差を上がることができる。

【口】 ＊前歯が生えそろい、かじりとるようになる。
＊口を自由に動かして、歯ぐきでかむ。
＊スプーンからひと口分を取り込む。

主食

- ごまと青のりのおにぎり…107
- 大豆とかぼちゃのみそ炒め丼…108
- ビビンバ…108
- しいたけとごぼうのカレーピラフ…109
- ハヤシライス…109
- オクラチーズパン…109
- 白菜オムレツサンド…110
- きな粉クリームパン…110
- 大豆とかぼちゃのクリームマカロニ…111
- さばの和風マカロニ…111
- ピーマンのトマトチーズパスタ…111
- ピザトースト…112
- 焼きそば…112

主菜

- 牛肉とピーマンのオイスター炒め…107
- キッシュ…114
- 牛肉とオクラの麻婆豆腐…114
- 牛肉と白菜のポトフ…115
- 牛肉とかぼちゃのカレークリーム煮…115
- さばのアクアパッツア…115
- さばのちゃんちゃん焼き…116
- さばの野菜あんかけ…116
- 大豆と白菜のトマトマリネ…117
- 大豆とピーマンのえび塩炒め…117
- 大豆とオクラののり煮…117
- アスパラとパプリカの牛肉ロール…118
- ひじきバーグ…118
- サーモンの照り焼き…119
- 鶏肉のピカタ…119

副菜

- 白菜とごぼうのスープ…107
- 白菜としいたけのみそ汁…120
- ピーマンのごまきんぴら…120
- かぼちゃとごぼうの煮物…120
- オクラのおかかマヨあえ…121
- 白菜とオクラのおひたし…121
- かぼちゃとしいたけのトマト煮…121
- 野菜スティック…122
- 大根もち…122
- 切り干し大根の煮物…123
- わかめとねぎの中華スープ…123

おやつ

- 枝豆とかぼちゃのロールサンド…124
- きな粉とにんじんのビスケット…124
- じゃことブロッコリーのいももち…124
- さつまいものレンジ蒸しパン…125
- バナナチーズロール…125
- ミルクゼリー…125

イベントレシピ

- ミイラオムライス…113
- トナカイバーグ…113

アニバーサリーレシピ

- お花畑ピラフ…126
- お誕生日ケーキ…126

…マークのあるレシピは、フリージング食材は使わずに調理します。調理後に、3回分フリージングできる分量となっています。

自分でパクパク食べ始め、離乳食ゴールももうすぐ

必要な栄養のほとんどは離乳食からとるようになり、もうすぐ離乳食も卒業。手づかみ食べから少しずつスプーンに興味を持ち始めます。

◆食べさせ方

かむ力はもちろん、集中して食べるようにするためには、両足をしっかりと床や台につけることが大切。また、食べ物を口に運ぶときにひじが自由に使えるようにテーブルの高さ調整も。

自分で食べられるようになり、
食事する楽しさを感じるころ。
家族との食事タイムを大切に。

◆スケジュール例（1日3回）

8：00	1回目 離乳食
10：00	おやつ＋牛乳
12：00	2回目 離乳食
15：00	おやつ＋牛乳
18：00	3回目 離乳食

チェックポイント

- ☐ 朝昼夜、1日3回なるべく同じ時間に食べるようにします。
- ☐ 3回の食事量で補えない栄養素は、おやつでとるようにします。
- ☐ 栄養のほとんどを離乳食からとるため、栄養バランスを心がけて。
- ☐ 卒乳は、赤ちゃんとママのペースで無理なく進めていきましょう。

◆進め方のポイント

❶ 自分で食べられた！体験を

野菜をスティック状にしたり、だんご状に丸めたり、手づかみ食べしやすい形で出して、自分で食べる体験をサポートしましょう。食べる意欲がアップし、自信へとつながります。

❷ 歯ぐきでかめるかたさが目安

口まわりの筋肉が発達して、前歯でかみきれるようになります。だからと言って、急にかたくするのはＮＧ。奥歯が生える２歳以降までは、歯ぐきでつぶせるバナナや肉だんごぐらいを目安に。

❸ さまざまな食感を体験

食材のかたさに合わせて、次第にかむ力を調整できるようになります。トロトロ、カリカリなど、食材や調理法、下ごしらえなどを工夫していろいろな食感を味わせるようにしましょう。

❹ スプーンやフォークに慣れて

手づかみ食べの次は、スプーンやフォークなどに興味をもちます。落としてしまったり、時間がかかったりしますが、自由に使わせて、自分で食べる気持ちを育みましょう。

次のステップへの目安

- さまざまな食材、調理法、食感の食べ物を食べられるようになる。
- コップを持って飲み物が飲める。
- スプーンやフォークを使って食べるようになる。

幼児食へ

冷凍するときは
粗熱をとってから
（ごはん以外）！

フリージング食材リスト

1歳～1歳6か月のレシピで使うフリージング食材12種。
作りやすい食材の量とその作り方、フリージングした状態を紹介します。

食パン

材料（4回分）

食パン（8枚切り）…4枚

作り方

1 食パンは耳を切り落とし、1枚を4等分に切る。1枚分ずつラップで包み、冷凍用保存袋に入れて冷凍する。

軟飯

材料（6回分）

ごはん…320g
水…2カップ

作り方

1 鍋にごはんと水を入れてふたをし、中火にかける。沸騰したら弱火にし、15分煮て火を止め、そのまま10分蒸らす。6等分してラップで包み、冷凍用保存袋に入れて冷凍する。

マカロニ

材料（4回分）

マカロニ…100g

作り方

1 マカロニはやわらかくゆでて2cmの長さに切る。4等分してラップで包み、冷凍用保存袋に入れて冷凍する。

大豆

材料（5回分）

大豆（ドライパック）…2袋（100g）

作り方

1 大豆はやわらかくゆでて薄皮を取り除き、粗みじんに切る。冷凍用保存袋に入れて平らにならし、冷凍する。

さば

材料（5回分）

さば…½尾（100ｇ）
水…大さじ½

作り方

1 さばは皮を取り除き、３～４等分のそぎ切りにして耐熱容器に入れる。水をかけてふんわりとラップをかけ、電子レンジで１分加熱する。

2 火が通ったら骨を取り除き、１cm大にほぐす。冷凍用保存袋に入れて平らにならし、冷凍する。

ごぼう

材料（作りやすい分量）

ごぼう…1本（150ｇ）

作り方

1 ごぼうは皮をむいて５mm幅の斜め薄切りにし、５分ほど水にさらして水けをきる。

2 1をやわらかくゆでてみじん切りにする。冷凍用保存袋に入れて平らにならし、冷凍する。

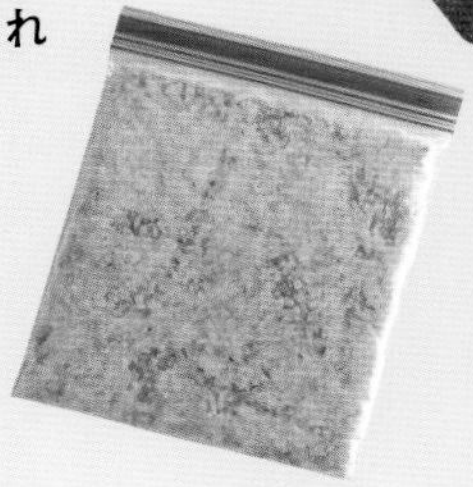

牛ももしゃぶしゃぶ肉

材料（5回分）

牛ももしゃぶしゃぶ肉…100ｇ

作り方

1 鍋にたっぷりの湯を沸かして弱火にし、牛肉を入れてサッとゆでて火を通し、水けをきる。

2 1を７～８mmの長さ、３～４mm幅に切り、冷凍用保存袋に入れて平らにならし、冷凍する。

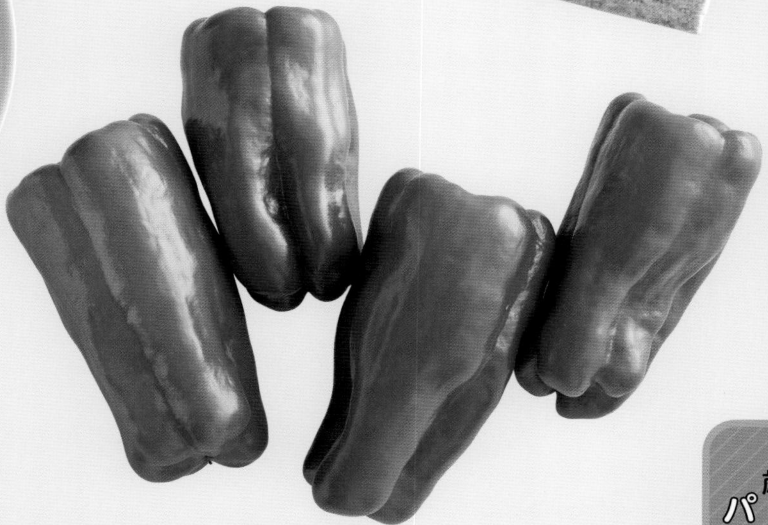

ピーマン

材料（作りやすい分量）

ピーマン…4個

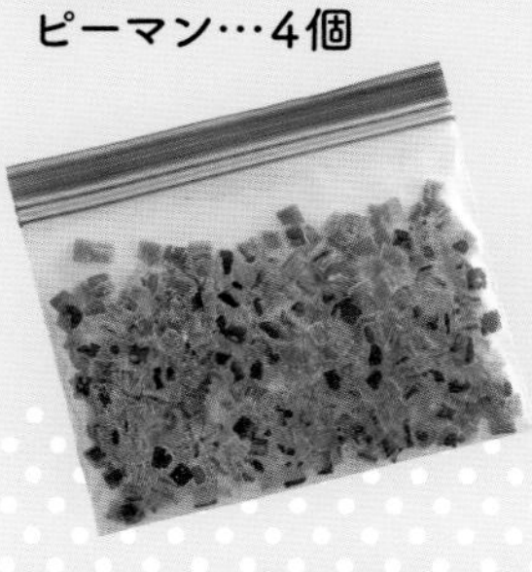

作り方

1 ピーマンは半分に切って種を取り除き、グリルで焼き目がつくまで焼く。アルミホイルで包んで10分ほど蒸らし、皮をむく。

2 1を７mm角に切り、冷凍用保存袋に入れて平らにならし、冷凍する。

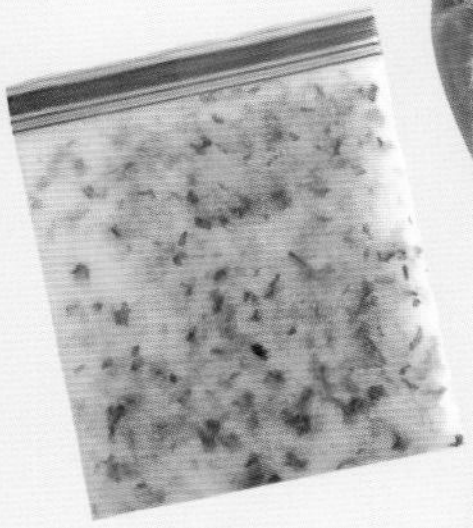

白菜

材料（作りやすい分量）

白菜…2枚（200ｇ）

作り方

1 白菜はやわらかくゆでて５㎜角に切る。冷凍用保存袋に入れて平らにならし、冷凍する。

しいたけ

材料（作りやすい分量）

しいたけ…6枚

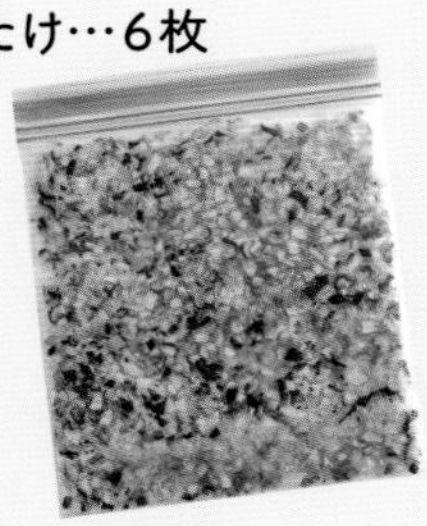

作り方

1 しいたけは軸を取ってやわらかくゆで、５㎜角に切る。水けを拭き取って冷凍用保存袋に入れ、平らにならして冷凍する。

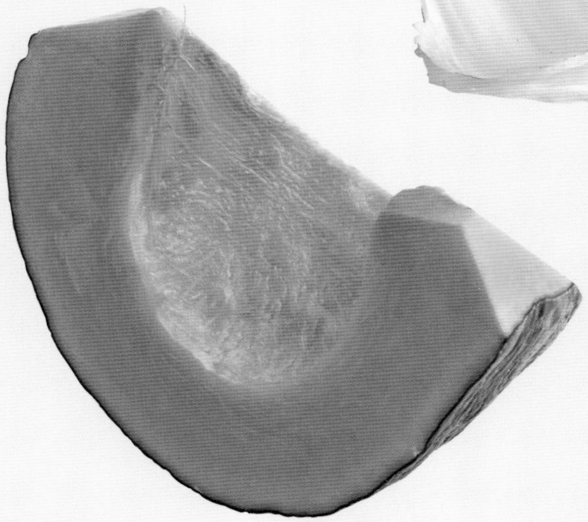

かぼちゃ

材料（作りやすい分量）

かぼちゃ
…⅛個（200ｇ）
水…大さじ½

作り方

1 かぼちゃは種とワタを取り除き、皮ごと1.5㎝幅に切る。耐熱容器に入れて水をかけ、ふんわりとラップをかけて電子レンジで４～５分加熱する。

2 1を1.5㎝角に切って冷凍用保存袋に入れ、平らにならして冷凍する。

オクラ

材料（作りやすい分量）

オクラ…1袋（80ｇ）

作り方

1 オクラはやわらかくゆで、２～３㎜幅の小口切りにする。水けを拭き取って冷凍用保存袋に入れ、平らにならして冷凍する。

主食 ごまと青のりのおにぎり

材料

軟飯
1回分

＋ 白すりごま…少々

＋ 青のり…少々

作り方

1 軟飯は耐熱容器に入れ、電子レンジで１分40秒加熱する。

2 1を２等分にして丸くにぎり、ごま、青のりをそれぞれにまぶす。

主菜 牛肉とピーマンのオイスター炒め

材料

牛ももしゃぶしゃぶ肉
10g

ピーマン
10g

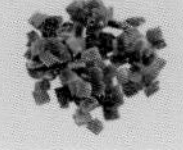

しいたけ
20g

＋ Ⓐオイスターソース…小さじ¼

＋ Ⓐごま油…少々

作り方

1 牛肉、ピーマン、しいたけは耐熱容器に入れてふんわりとラップをかけ、電子レンジで40秒加熱する。

2 1の水けを切り、Ⓐを加えてサッと混ぜ、ふんわりとラップをかけ、電子レンジでさらに30秒加熱する。

副菜 白菜とごぼうのスープ

材料

白菜
20g

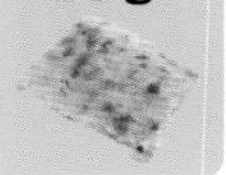

ごぼう
20g

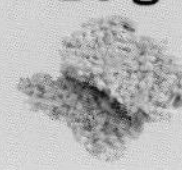

和風だし
½カップ

＋ 塩…少々

作り方

1 耐熱容器にすべての材料を入れ、ふんわりとラップをかけて電子レンジで１分30秒加熱する。

大豆とかぼちゃのみそ炒め丼

材料

軟飯 1回分
大豆 20g
かぼちゃ 30g
＋ みそ …小さじ¼

作り方

1 軟飯は耐熱容器に入れ、電子レンジで１分40秒加熱して器に盛る。

2 大豆とかぼちゃは耐熱容器に入れてふんわりとラップをかけ、電子レンジで１分加熱する。みそを加えてサッと混ぜ、1にのせる。

ビビンバ

材料

軟飯 1回分
牛ももしゃぶしゃぶ肉 10g
オクラ 20g
白菜 30g

＋ Ⓐ しょうゆ、砂糖 …各小さじ¼
＋ Ⓑ ごま油、白すりごま、塩 …各少々

作り方

1 軟飯は耐熱容器に入れ、電子レンジで１分40秒加熱して器に盛る。

2 牛肉は耐熱容器に入れてふんわりとラップをかけ、電子レンジで40秒加熱し、Ⓐを加えて混ぜる。

3 別の耐熱容器にオクラと白菜を入れてふんわりとラップをかけ、電子レンジで１分加熱する。水けをきってⒷを加えて混ぜ、2とともに1にのせる。

しいたけとごぼうのカレーピラフ

材料

- 軟飯 1回分
- しいたけ 20g
- ごぼう 20g
- ＋ Ⓐカレー粉、バター…各少々

作り方

1 軟飯は耐熱容器に入れ、電子レンジで１分加熱する。

2 しいたけ、ごぼう、1、Ⓐは耐熱容器に入れ、ふんわりとラップをかけて電子レンジで１分加熱する。火が通ったら、全体をサッと混ぜる。

ハヤシライス

材料

- 軟飯 1回分
- 牛ももしゃぶしゃぶ肉 10g
- 白菜 20g
- かぼちゃ 20g
- Ⓐ野菜スープ 大さじ2
- ＋ Ⓐトマトジュース（食塩不使用）…大さじ２
- ＋ Ⓐトマトケチャップ…小さじ½
- ＋ Ⓐしょうゆ…小さじ¼
- ＋ Ⓐ砂糖…少々
- ＋ 水溶き片栗粉…小さじ１

作り方

1 軟飯は耐熱容器に入れ、電子レンジで１分40秒加熱して器に盛る。

2 耐熱容器に牛肉、白菜、かぼちゃ、Ⓐを入れてふんわりとラップをかけ、電子レンジで１分30秒加熱する。火が通ったら水溶き片栗粉を加えてサッと混ぜ、ふんわりとラップをかけ、さらに30秒加熱する。よく混ぜ、1にかける。

オクラチーズパン

材料

- 食パン 1回分
- オクラ 30g
- ＋ クリームチーズ…10g

作り方

1 食パンは耐熱容器に入れ、電子レンジで20秒加熱する。

2 オクラは耐熱容器に入れてふんわりとラップをかけ、電子レンジで40秒加熱する。水けを拭き取ってクリームチーズを加えてよく混ぜ、1にのせる。

白菜オムレツサンド

材料

食パン
1回分

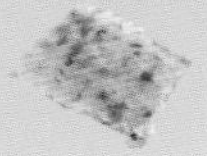

白菜
20g

＋ Ⓐ溶き卵…2/3個分
＋ Ⓐ牛乳…小さじ1
＋ マヨネーズ…小さじ½

作り方

1 食パンは耐熱容器に入れ、電子レンジで20秒加熱する。

2 白菜は耐熱容器に入れてふんわりとラップをかけ、電子レンジで30秒加熱する。水けをきってⒶを加えて混ぜる。ふんわりとラップをかけ、さらに1分加熱し、火を通す。

3 2をフォークなどでつぶし、マヨネーズを加えて混ぜ、1のパンにはさむ。

きな粉クリームパン

材料

食パン
1回分

＋ Ⓐきな粉…大さじ½
＋ Ⓐ牛乳…小さじ½
＋ Ⓐ砂糖…小さじ⅛

作り方

1 食パンは耐熱容器に入れ、電子レンジで20秒加熱する。

2 ボウルにⒶを入れてよく混ぜ、1に塗る。

大豆とかぼちゃのクリームマカロニ

材料

- マカロニ 1回分
- 大豆 20g
- かぼちゃ 30g
- ＋ 牛乳…大さじ½

作り方

1 マカロニは耐熱容器に入れ、電子レンジで40秒加熱する。

2 1のラップを外し、大豆、かぼちゃ、牛乳を耐熱容器に入れてふんわりとラップをかけ、電子レンジで1分加熱し、サッと混ぜる。

さばの和風マカロニ

材料

- マカロニ 1回分
- さば 20g
- ごぼう 20g
- オクラ 20g
- 和風だし 大さじ1
- ＋ Ⓐかつお節…ひとつまみ ＋ Ⓐしょうゆ…小さじ¼

作り方

1 マカロニは耐熱容器に入れ、電子レンジで40秒加熱する。

2 1のラップを外し、さば、ごぼう、オクラ、和風だしを耐熱容器に入れてふんわりとラップをかけ、電子レンジで1分20秒加熱する。火が通ったらⒶを加えてサッとあえる。

ピーマンのトマトチーズパスタ

材料

- マカロニ 1回分
- ピーマン 20g
- Ⓐ 野菜スープ 大さじ1
- ＋ Ⓐ トマト水煮（カット）…大さじ2
- ＋ Ⓐ塩…少々 ＋ 粉チーズ…少々

作り方

1 マカロニは耐熱容器に入れ、電子レンジで40秒加熱する。

2 1のラップを外し、ピーマン、Ⓐを耐熱容器に入れ、ふんわりとラップをかけ、電子レンジで1分加熱する。火が通ったら器に盛り、粉チーズをふる。

\たまには…/
フリージング食材を使わず調理

ピザトースト
調理後フリージングOK

材料（3回分）

食パン（8枚切り）…3枚
ツナ缶（水煮）…1缶（70ｇ）
玉ねぎ…⅙個（30ｇ）
トマトケチャップ…小さじ2
ピザ用チーズ…15ｇ

作り方

1 食パンは耳を切り落とす。ツナ缶は汁けをきって粗くほぐす。玉ねぎは粗みじんに切る。

2 耐熱容器に玉ねぎを入れてふんわりとラップをかけ、電子レンジで40秒加熱する。水けをきり、ツナを加えて混ぜる。

3 食パンにケチャップを３等分に塗り、2、ピザ用チーズを順にのせる。ラップで包んで冷凍用保存袋に入れ、冷凍する。

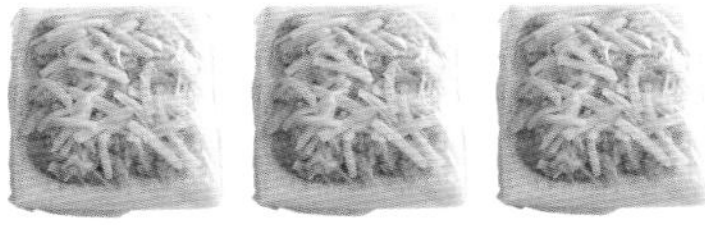

3回分！

※食べるときはラップを外し、オーブントースターで４～５分焼き、食べやすく切る。

焼きそば
調理後フリージングOK

材料（3回分）

焼きそば麺…1½袋（225ｇ）
豚ももしゃぶしゃぶ用肉…6枚（60ｇ）
もやし…⅓袋（約70ｇ）
キャベツ…60ｇ
和風だし…大さじ2
しょうゆ…小さじ2
サラダ油…少々

作り方

1 焼きそば麺は湯通しし、２cmの長さに切る。豚肉は１cmの長さに細切り、もやしは５mm幅に、キャベツは５mm角に切る。

2 フライパンにサラダ油を中火で熱し、豚肉を炒める。色が変わったらもやし、キャベツを加えてサッと混ぜ、和風だしを加える。弱火にしてふたをし、時々混ぜながらやわらかくなるまで４～５分蒸し炒めにする。

3 2に麺を加えて炒め、しょうゆを加えてからめる。粗熱がとれたら、３等分してラップで包み、冷凍用保存袋に入れて冷凍する。

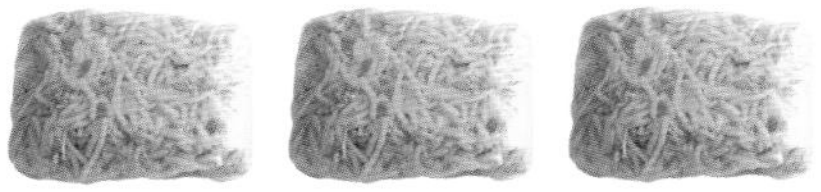

3回分！

1歳～1歳6か月ごろの イベントレシピ

ハロウィン & クリスマス

赤ちゃんと楽しみたい季節の行事。ひと手間加えて、ハッピーな一品にしましょう。

ミイラオムライス

材料

軟飯…1回分
玉ねぎ…20g
にんじん…20g
ゆで卵の白身…½個分
トマトケチャップ…小さじ½
サラダ油、スライスチーズ、焼きのり…各少々

作り方

1 軟飯は耐熱容器に入れ、ふんわりとラップをかけて電子レンジで1分40秒加熱する。玉ねぎ、にんじんはみじん切りにする。白身は細切りにする。スライスチーズは丸くくり抜き、焼きのりはひとまわり小さく丸くくり抜く。

2 フライパンにサラダ油を中火で熱し、玉ねぎ、にんじんを炒める。しんなりしたら軟飯を加えて炒め、ケチャップを加えてサッと炒める。

3 2を3等分して細長く成形し、器に盛る。白身をのせ、スライスチーズとのりを重ねて目にする。

トナカイバーグ

材料

鶏ひき肉…30g
Ⓐ玉ねぎみじん切り…小さじ2
Ⓐ牛乳…小さじ½
Ⓐパン粉…大さじ1
Ⓐ溶き卵…小さじ2
Ⓐ塩…少々
グリーンアスパラガス(穂先)…2本
スライスチーズ、焼きのり、トマトケチャップ、サラダ油…各少々

作り方

1 アスパラの穂先部分はやわらかくゆでて、縦半分に切る。スライスチーズは丸くくり抜き、焼きのりはひとまわり小さく丸くくり抜く。

2 ボウルにひき肉、Ⓐを入れてよく練り混ぜ、丸く成形する。

3 フライパンにサラダ油を中火で熱し、2を焼く。焼き目がついたら裏返し、弱火にしてふたをし、2～3分蒸し焼きにする。器に盛り、アスパラを角のようにしてのせる。チーズとのりで目をつけ、ケチャップで鼻を描く。

キッシュ

材料

ピーマン 20g

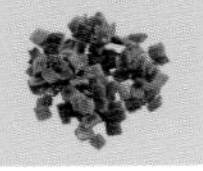

＋ 溶き卵…⅔個分 ＋ 牛乳…小さじ1 ＋ 粉チーズ…小さじ½

作り方

1 ボウルにすべての材料を入れて混ぜ、耐熱の器に入れる。ふんわりとラップをかけて電子レンジで1分20秒加熱する。

牛肉とオクラの麻婆豆腐

材料

牛ももしゃぶしゃぶ肉 10g

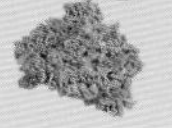

オクラ 20g

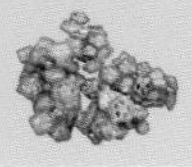

＋ 木綿豆腐…⅙丁（50g）

Ⓐ和風だし 大さじ2

＋ Ⓐしょうゆ…小さじ¼ ＋ 水溶き片栗粉…小さじ1

作り方

1 木綿豆腐は1㎝角に切る。

2 牛肉、オクラ、1、Ⓐを耐熱容器に入れてふんわりとラップをかけ、電子レンジで1分20秒加熱する。水溶き片栗粉を加えて混ぜ、ふんわりとラップをかけ、さらに30秒加熱してよく混ぜる。

牛肉と白菜のポトフ

材料

- 牛ももしゃぶしゃぶ肉 10g
- 白菜 20g
- ごぼう 20g
- 野菜スープ 大さじ3

＋ 塩…少々

作り方

1 耐熱容器にすべての材料を入れてふんわりとラップをかけ、電子レンジで1分30秒加熱する。

牛肉とかぼちゃのカレークリーム煮

材料

- 牛ももしゃぶしゃぶ肉 10g
- かぼちゃ 40g
- Ⓐ野菜スープ 大さじ1

＋ Ⓐ牛乳…大さじ1 ＋ Ⓐカレー粉、塩…各少々 ＋ 水溶き片栗粉…小さじ½

作り方

1 牛肉、かぼちゃ、Ⓐを耐熱容器に入れてふんわりとラップをかけ、電子レンジで1分加熱する。水溶き片栗粉を加えて混ぜ、ふんわりとラップをかけ、さらに30秒加熱してよく混ぜる。

さばのアクアパッツア

材料

- さば 20g
- ピーマン 20g
- かぼちゃ 20g
- 野菜スープ 大さじ1

＋ オリーブ油、塩…各少々

作り方

1 耐熱容器にすべての材料を入れてふんわりとラップをかけ、電子レンジで1分20秒加熱する。

さばのちゃんちゃん焼き

材料

さば 20g
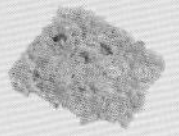

しいたけ 20g
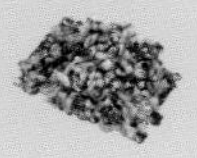

＋ みそ …小さじ¼

＋ バター …少々

和風だし 大さじ1

作り方

1 耐熱容器にすべての材料を入れてふんわりとラップをかけ、電子レンジで１分加熱して混ぜる。

さばの野菜あんかけ

材料

さば 20g

白菜 20g
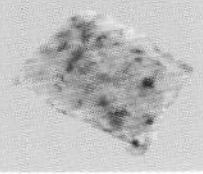

ごぼう 20g
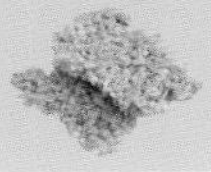

Ⓐ 和風だし 大さじ1

＋ Ⓐ しょうゆ …小さじ¼

＋ 水溶き片栗粉 …小さじ１

作り方

1 さばは耐熱容器に入れてふんわりとラップをかけ、電子レンジで30秒加熱して器に盛る。

2 白菜、ごぼう、Ⓐは別の耐熱容器に入れてふんわりとラップをかけ、電子レンジで１分加熱する。火が通ったら水溶き片栗粉を加えて混ぜ、ふんわりとラップをかけ、さらに30秒加熱してよく混ぜ、1にかける。

大豆と白菜のトマトマリネ

材料

大豆 20g ＋ 白菜 20g ＋ トマト…⅙個（30g） ＋ Ⓐオリーブ油、塩…各少々

作り方

1 トマトは湯むきして種を取り除き、7㎜角に切る。

2 大豆と白菜は耐熱容器に入れてふんわりとラップをかけ、電子レンジで1分加熱する。水けを拭き取り、1、Ⓐを加えてサッと混ぜる。

大豆とピーマンのえび塩炒め

材料

大豆 20g ＋ ピーマン 20g ＋ しいたけ 20g ＋ 桜えび…小さじ½ ＋ Ⓐ塩、ごま油…各少々

作り方

1 桜えびは粗みじんに切る。

2 大豆、ピーマン、しいたけを耐熱容器に入れてふんわりとラップをかけ、電子レンジで1分加熱する。水けを拭き取り、1、Ⓐを加えてサッとあえる。

大豆とオクラののり煮

材料

大豆 20g ＋ オクラ 20g ＋ ごぼう 20g ＋ 和風だし 大さじ1½

＋ 焼きのり…少々

作り方

1 大豆、オクラ、ごぼう、和風だしを耐熱容器に入れてふんわりとラップをかけ、電子レンジで1分20秒加熱する。焼きのりを7㎜角に切って加え、サッと混ぜる。

＼たまには…／
フリージング食材を使わず調理

アスパラとパプリカの牛肉ロール

調理後フリージングOK

材料（3回分）

牛しゃぶしゃぶ用肉…6枚（60ｇ）
アスパラ…1本
パプリカ（赤、黄）…各⅙個
塩、サラダ油…各少々

作り方

1 アスパラは根元を落として下⅓程度の皮をむき、長さを３等分する。パプリカは皮をむく。それぞれやわらかくゆでで、アスパラは縦４等分、パプリカは５㎜幅の細切りにする。

2 牛肉は塩をふり、1を等分にのせてくるくると巻く。

3 フライパンにサラダ油を中火で熱し、2を焼く。全面に焼き色がついたら弱火にし、ふたをして火が通るまで２～３分蒸し焼きにする。粗熱がとれたら、ラップで包み、冷凍用保存袋に入れて冷凍する。

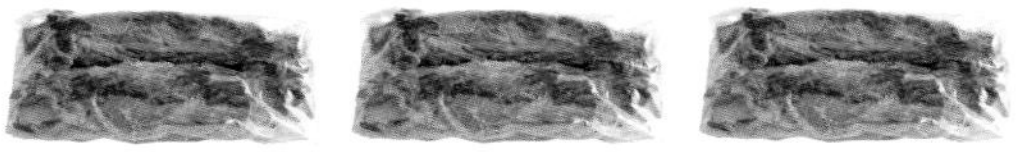

3回分！

ひじきバーグ

調理後フリージングOK

材料（3回分）

鶏ひき肉…60ｇ
ひじき（乾燥）…小さじ1
Ⓐ玉ねぎのみじん切り…大さじ2
Ⓐパン粉…大さじ1
Ⓐ溶き卵…大さじ½
Ⓐみそ…小さじ¼
サラダ油…少々

作り方

1 ひじきは水に10分ほどつけて戻し、やわらかくゆでてきざむ。

2 ボウルに鶏ひき肉、1、Ⓐを入れてよく練り混ぜ、３等分にして小判形に成形する。

3 フライパンにサラダ油を中火で熱し、2を焼く。焼き目がついたら裏返し、ふたをして弱火にし、さらに２～３分蒸し焼きにする。粗熱がとれたら、ラップで包み、冷凍用保存袋に入れて冷凍する。

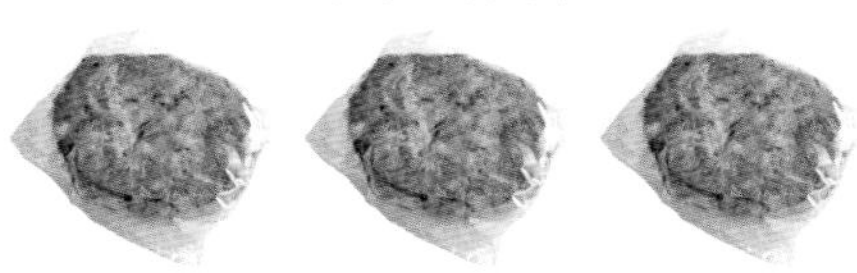

3回分！

サーモンの照り焼き

調理後フリージングOK

材料（3回分）

サーモン（刺身用）…6切れ（60ｇ）
小麦粉…適量
サラダ油…少々
Ⓐ和風だし…大さじ½
Ⓐしょうゆ、砂糖…各小さじ½

作り方

1 サーモンは小麦粉をまぶす。Ⓐは混ぜ合わせておく。

2 フライパンにサラダ油を中火で熱し、サーモンを入れて焼く。焼き目がついたら裏返し、弱火にしてふたをし、1～2分蒸し焼きにする。火が通ったらⒶを加えてサッとからめる。粗熱がとれたら、ラップで包み、冷凍用保存袋に入れて冷凍する。

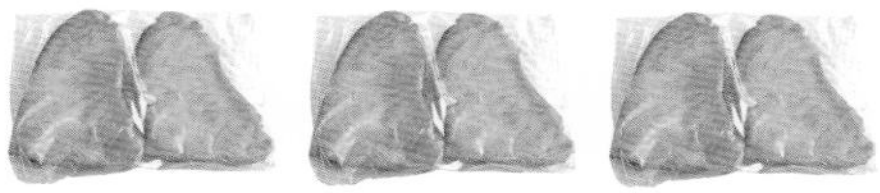

3回分！

鶏肉のピカタ

調理後フリージングOK

材料（3回分）

鶏むね肉…60ｇ
塩…少々
小麦粉…適量
Ⓐ溶き卵…大さじ1
Ⓐマヨネーズ…小さじ½
オリーブ油…少々

作り方

1 鶏肉は皮を取り除き、9等分のそぎ切りにし、塩をふって小麦粉をまぶす。Ⓐは混ぜ合わせておく。

2 フライパンにオリーブ油を中火で熱し、鶏肉をⒶにくぐらせて並べる。焼き色がついたら裏返して1分ほど焼き、再びⒶにくぐらせる。火が通るまで弱火で両面を1～2分ずつ焼く。粗熱がとれたら、ラップで包み、冷凍用保存袋に入れて冷凍する。

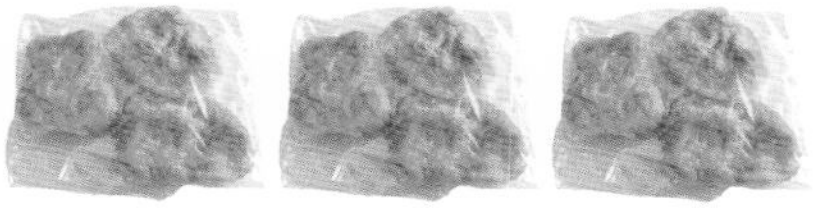

3回分！

副菜

白菜としいたけのみそ汁

材料

白菜 20g

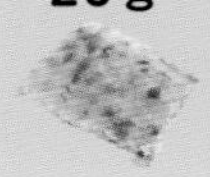

しいたけ 10g

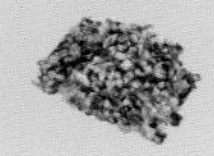

和風だし ½カップ

＋ みそ …小さじ¼

作り方

1 耐熱容器にすべての材料を入れてふんわりとラップをかけ、電子レンジで1分30秒加熱する。

ピーマンのごまきんぴら

材料

ピーマン 30g

＋ Ⓐしょうゆ、砂糖 …各小さじ⅛ ＋ Ⓐごま油 …少々 ＋ 白ごま …少々

作り方

1 ピーマンは耐熱容器入れてふんわりとラップをかけ、電子レンジで40秒加熱する。

2 1の水けを拭き取り、Ⓐを加えてふんわりとラップをかけ、さらに電子レンジで20秒加熱する。器に盛り、白ごまをふる。

かぼちゃとごぼうの煮物

材料

かぼちゃ 20g

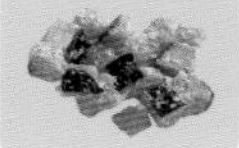

ごぼう 20g

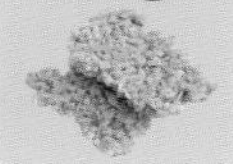

和風だし 大さじ1

＋ しょうゆ …小さじ¼

＋ 砂糖 …小さじ⅛

作り方

1 耐熱容器にすべての材料を入れてふんわりとラップをかけ、電子レンジで1分20秒加熱する。

オクラのおかかマヨあえ

材料

オクラ 30g ＋ Ⓐかつお節…少々 ＋ Ⓐマヨネーズ…小さじ½

作り方

1 オクラは耐熱容器に入れてふんわりとラップをかけ、電子レンジで30秒加熱する。水けを拭き取り、Ⓐを加えてサッとあえる。

白菜とオクラのおひたし

材料

白菜 30g ＋ オクラ 20g ＋ Ⓐ和風だし 大さじ½ ＋ Ⓐしょうゆ…小さじ⅛

作り方

1 白菜とオクラは耐熱容器に入れてふんわりとラップをかけ、電子レンジで50秒加熱する。水けを拭き取り、Ⓐを加えてあえる。

かぼちゃとしいたけのトマト煮

材料

かぼちゃ 20g ＋ しいたけ 20g ＋ 野菜スープ 大さじ½ ＋ トマト水煮（カット）…大さじ1 ＋ トマトケチャップ…小さじ½ ＋ 塩…少々

作り方

1 耐熱容器にすべての材料を入れてふんわりとラップをかけ、電子レンジで1分20秒加熱する。

＼たまには…／

フリージング食材を使わず調理

野菜スティック

調理後フリージングOK

材料（３回分）

さつまいも…40ｇ
にんじん…40ｇ
Ⓐ和風だし…½カップ
Ⓐしょうゆ、みりん…各小さじ¼

作り方

1 さつまいも、にんじんは皮をむき、４㎝の長さ×１㎝角の棒状に切る。さつまいもは水に５分ほどさらし、水けをきる。

2 鍋にⒶを合わせて煮立たせ、1を入れてやわらかくなるまで弱火で12分ほど煮る。粗熱がとれたら、３等分してラップで包み、冷凍用保存袋に入れて冷凍する。

3回分！

大根もち

調理後フリージングOK

材料（３回分）

大根…120ｇ
しらす…10ｇ
片栗粉…大さじ2
ごま油…少々

作り方

1 大根はすりおろし、軽く水けをきる。しらすは湯通しする。

2 ボウルに1、片栗粉を入れてよく混ぜる。

3 フライパンにごま油を中火で熱し、2を⅙量ずつ落とし入れる。焼き目がついたら裏返し、弱火にしてふたをし、2分ほど蒸し焼きにする。粗熱がとれたら、2つずつラップで包み、冷凍用保存袋に入れて冷凍する。

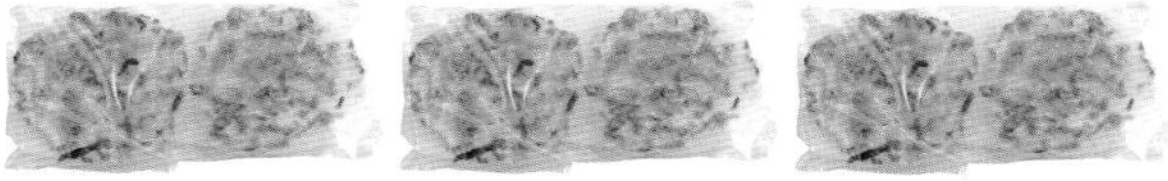

／3回分！＼

切り干し大根の煮物

調理後
フリージング
OK

材料（3回分）

切り干し大根…10g
油揚げ…¼枚（6g）
まいたけ…⅓パック（30g）
さやいんげん…3本（24g）
Ⓐ和風だし…¾カップ
Ⓐしょうゆ、砂糖…各小さじ1

作り方

1 切り干し大根は水に10分ほどつけて戻し、粗みじんに切る。油揚げは湯通しして、粗みじんに切る。まいたけ、さやいんげんも粗みじんに切る。

2 鍋にⒶを入れて煮立て、1を入れて弱火でやわらかくなるまで煮る。粗熱がとれたら、3等分して冷凍用保存容器に入れ、冷凍する。

3回分！

わかめとねぎの中華スープ

調理後
フリージング
OK

材料（3回分）

長ねぎ…½本（50g）
わかめ…小さじ2
Ⓐ和風だし…1½カップ
Ⓐしょうゆ…小さじ1
Ⓐごま油…少々
白ごま…少々

作り方

1 長ねぎは小口切りにする。わかめは水で戻し、7㎜角程度に切る。

2 鍋にⒶを入れて煮立て、1を入れて弱火でふたをして煮る。やわらかくなったら白ごまを加える。粗熱がとれたら、3等分して冷凍用保存容器に入れ、冷凍する。

3回分！

枝豆とかぼちゃの ロールサンド

材料（1回分）

食パン（8枚切り）…1枚
冷凍枝豆…10ｇ（正味5ｇ）
かぼちゃ…30ｇ（正味20ｇ）
クリームチーズ…10ｇ

作り方

1 食パンは耳を切り落とす。冷凍枝豆は薄皮をむき、粗みじんに切る。かぼちゃは皮をむき、ひと口大に切って耐熱容器に入れ、ふんわりとラップをかけて電子レンジで30秒加熱し、つぶす。

2 ボウルにクリームチーズを入れてやわらかく練り、かぼちゃと枝豆を加えて混ぜる。

3 食パンに2を塗ってくるくると巻き、ラップで包んで5分ほどなじませ、食べやすい大きさに切る。

きな粉とにんじんの ビスケット

材料（2回分）

Ⓐ小麦粉…大さじ2
Ⓐきな粉…大さじ½（3ｇ）
Ⓑにんじんのすりおろし…大さじ½（6ｇ）
Ⓑ砂糖、白ごま…各小さじ½
Ⓑサラダ油…大さじ½

作り方

1 ボウルにⒶを入れてサッと混ぜ、Ⓑを加えて混ぜる。粉っぽさがなくなったら2～3㎜の厚さにのばし、食べやすい大きさに切って、フォークで穴を開ける。

2 オーブントースターの天板にアルミホイルを敷いて2を並べ、上からアルミホイルをかけて3分ほど焼く。ホイルを外し、さらに5～6分焼く。

じゃことブロッコリーの いももち

材料（1回分）

じゃがいも…30ｇ
ブロッコリー…10ｇ
ちりめんじゃこ…小さじ1
Ⓐ片栗粉…大さじ½
Ⓐ粉ミルク…小さじ1
バター…少々

作り方

1 じゃがいもはひと口大に切って5分ほど水にさらし、水けをきる。ブロッコリーは小房に分け、じゃがいもと一緒に耐熱容器に入れてふんわりとラップをかけ、電子レンジで1分30秒加熱する。じゃがいもはつぶし、ブロッコリーは粗みじんに切る。ちりめんじゃこはやわらかくゆでる。

2 ボウルに1とⒶを入れて混ぜ、3等分して円形に丸める。

3 フライパンにバターを中火で熱し、2を焼く。焼き目がついたら裏返し、弱火にしてふたをし、2～3分蒸し焼きにする。

さつまいものレンジ蒸しパン

材料（2個分）

さつまいも…20ｇ
水…小さじ1
Ⓐ小麦粉…大さじ2
Ⓐベーキングパウダー…小さじ⅛
Ⓐ砂糖…小さじ1
Ⓑ牛乳…大さじ1
Ⓑ溶き卵…小さじ2（10ｇ）
Ⓑサラダ油…小さじ½

作り方

1 さつまいもは１㎝角に切って耐熱容器に入れ、水をかけてふんわりとラップをかけ、電子レンジで１分20秒加熱する。

2 ボウルにⒶを入れて泡立て器でサッと混ぜる。Ⓑを順に加えてその都度混ぜ、1を加えて混ぜる。直径約6㎝（底辺の直径3.5㎝）のシリコンカップなどの型に流し入れ、電子レンジで30秒加熱する。

バナナチーズロール

材料（1回分）

ワンタンの皮…3枚
バナナ…20ｇ
プロセスチーズ…10ｇ
バター…少々
水…大さじ1

作り方

1 バナナは軽くつぶす。プロセスチーズは４㎝の長さ、１㎝角の棒状に切る。

2 ワンタンの皮に1をのせ、皮のふちに水（分量外）をつけて包む。

3 フライパンにバターを中火で熱し、2を並べる。全体にこんがり焼き目がついたら水を回し入れ、ふたをして弱火にし、２分ほど蒸し焼きにする。

ミルクゼリー

材料（3回分）

Ⓐ牛乳…1カップ
Ⓐ砂糖…小さじ2
Ⓐ粉寒天…小さじ1
オレンジ、キウイ…各適量

作り方

1 鍋にⒶを入れ、弱火にかけて煮溶かす。8㎝×12㎝の容器に流し入れ、冷蔵室で冷やし固める。

2 キウイ、オレンジは1㎝角に切る。

3 1を食べやすい大きさに切り、2とともに器に盛る。

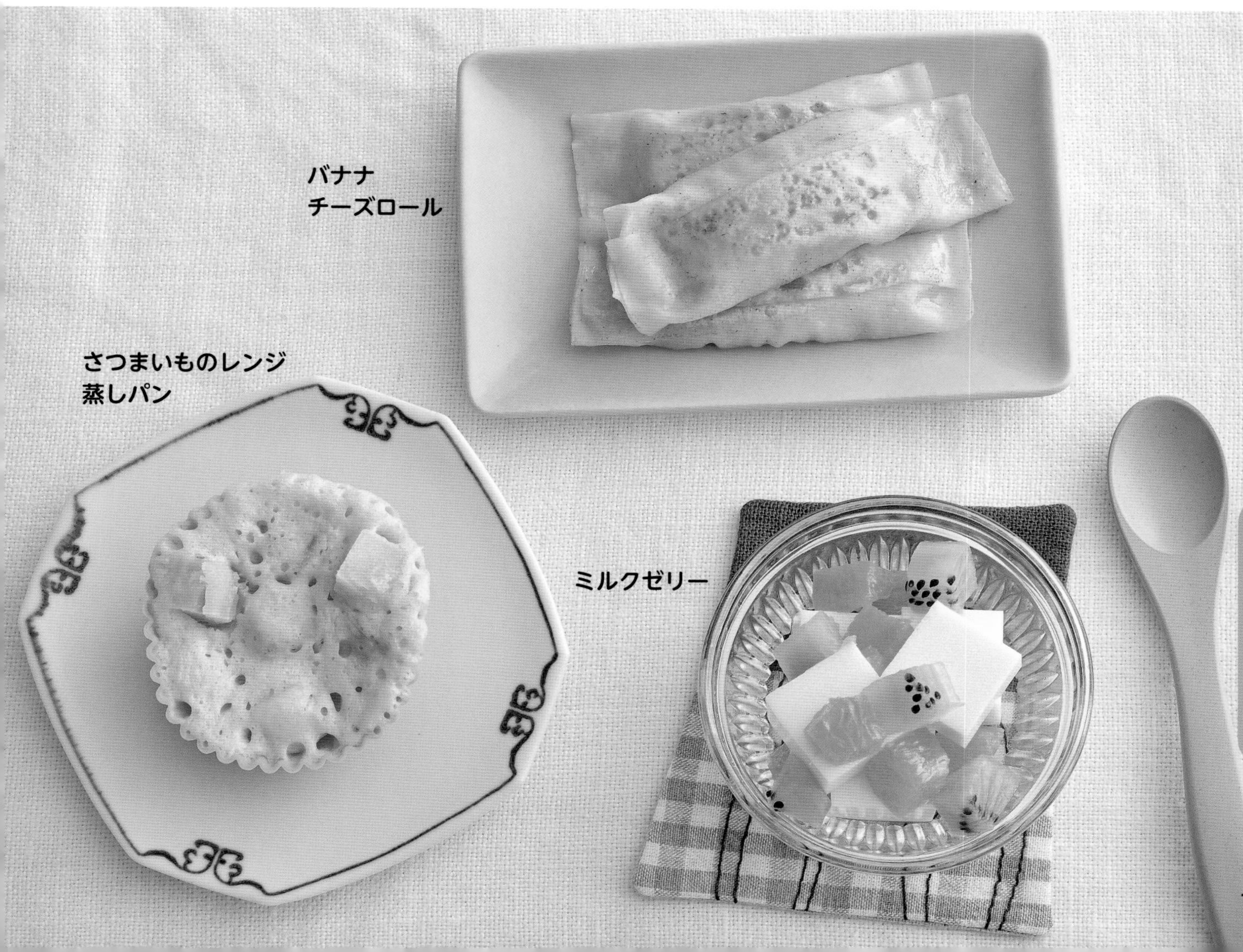

アニバーサリーレシピ

ついに１歳の誕生日を迎えた赤ちゃん。
華やかに飾って、笑顔いっぱいのお祝いに！

お花畑ピラフ

材料

軟飯…1回分
ツナ缶（水煮）…20ｇ
ブロッコリー…20ｇ
ゆで卵…⅓個
にんじん（３㎜厚さの輪切り）…３枚
塩、バター…各少々

作り方

1. ツナ缶は汁けを切って粗くほぐし、ブロッコリーはざく切りにする。ゆで卵の白身とやわらかくゆでたにんじんは花形でくり抜き、ゆで卵の黄身は裏ごす。
2. フライパンにバターを中火で熱し、ブロッコリーを炒める。しんなりしたらツナを加えてサッと炒め、軟飯を加えて炒め、塩を加えてサッと炒める。
3. 2を丸い器に詰めて器にあけ、1の白身とにんじんをのせ、まわりに黄身を飾る。

お誕生日ケーキ

材料

Ⓐ小麦粉…大さじ4
Ⓐベーキングパウダー…小さじ¼
Ⓐ砂糖…大さじ½
牛乳…大さじ2
溶き卵…大さじ1
サラダ油…適量
いちご、キウイ、バナナなど、好みのフルーツ…各適量
＜ヨーグルトクリーム＞
プレーンヨーグルト（無糖）…100ｇ
砂糖…小さじ1

作り方

1. ザルにペーパータオルを重ねてヨーグルトを入れ、ひと晩おいて水きりする。ボウルに入れて砂糖を加えて混ぜ、ヨーグルトクリームを作る。
2. ボウルにⒶを入れてサッと混ぜ、牛乳、溶き卵を順に加えてその都度よく混ぜる。フルーツは１㎝角に切る。
3. フライパンにサラダ油をなじませ、中火にかける。2の生地を半量ずつ円形（直径８㎝ほど）に流し入れ、焼き目がついたら裏返し、ふたをして弱火にして２～３分蒸し焼きにする。
4. 器に3を1枚盛り、1を半量塗り、フルーツを半量のせる。残った1を少しのせて3を重ね、残りの1とフルーツを飾る。

Q&A

1歳～1歳6か月ごろの食のお悩み

Q 自分で食べようとする意欲が見られません…。

A まずは手づかみ食べで食べる楽しさを体験して。

アーンと口を開けたまま、じっと待っている赤ちゃんには、自分から食べたくなる工夫をプラス。スティック野菜や小さなおにぎりなどがおすすめです。「食べられたね」と笑顔でほめることも忘れずに。

Q 遊び食べがひどくなり、強く注意してしまうことも。

A 食べる気分でないなら、時間で切り上げてOK。

ご飯をぐちゃぐちゃにしたり、投げたり… 悪気はないとはいえ、食事のマナーは身につけさせたいもの。食べ終わるまで待つのではなく、30分ぐらいで切り上げましょう。また、おもちゃが視界に入るなど、集中を妨げる原因がないかも見直して。

Q 好き嫌いする食材が増えているのが心配。

A 食べない＝嫌いと決めつけず、無理のない範囲で工夫を。

好き嫌いは一時的なものだったり、かたさや調理法を少し変えるだけで食べることもあるので、無理強いはやめましょう。一緒に食卓を囲むママ・パパが何でもおいしく食べる姿を見せることも大切です。

Q おやつはどのぐらい食べさせていい？

A ダラダラ食べはNG。規則正しいおやつ習慣が大切。

遊び食べなどをしてしまう時期は、３回の食事で安定して栄養をとることがまだ難しいため、補食としてのおやつが必要です。食べやすくて満腹感が得られるヨーグルトやおにぎり、いも類などがおすすめ。

Q 離乳食の回数や量が増えて負担に感じてきました…。

A 取り分けメニューで準備の負担を減らして。

１歳前後になると、食べられる食材や使える調味料が増えてきます。大人の食事から取り分ける、ベビーフードを活用するなどして準備の負担を減らしましょう。離乳食の時期は、無理せず楽しく食べられることが大切です。

◆監修・料理

新谷友里江（にいや ゆりえ）

料理研究家、管理栄養士。書籍、雑誌などでレシピ開発や調理、フードスタイリングを行う。二児の母としての経験を活かし、離乳食や幼児食のメニューも考案。著書に『まとめて作ってすぐラクごはん♪　つくりおき幼児食1歳半〜5歳』（西東社）、『コンテナですぐでき レンチン ひとり分ごはん』（主婦と生活社）、『作りおき やせスープ』（主婦と生活社）、『つくりおき 園児のおべんとう』（西東社）など多数。

◆食物アレルギー監修（P.12〜13）

高松伸枝（たかまつ のぶえ）

別府大学食物栄養科学部食物栄養学科教授、博士（医学）、管理栄養士。学会認定小児アレルギーエデュケーター（PAE）。共著に『子どもの食物アレルギー あんしんBOOK』（女子栄養大学出版部）など。

◆STAFF　撮影／武井メグミ
スタイリング／梶本美代子
料理制作アシスタント／木村 薫、小柳まどか、瀧原 櫻
カバー・本文デザイン／谷 由紀恵
原稿／諸井まみ
イラスト／とみたみはる
編集協力／小暮香奈子、花澤靖子（株式会社スリーシーズン）

◆撮影協力　UTUWA

はじめてのママ&パパもあんしん！
かんたんに作れるフリージング離乳食

2023年8月10日　初版発行

監修・料理　新谷友里江
発行者　鈴木伸也
発　行　株式会社大泉書店
〒105-0001 東京都港区虎ノ門4-1-40 江戸見坂森ビル4F
Tel　03-5577-4290（代表）　Fax　03-5577-4296
振替　00140-7-1742
URL　http://www.oizumishoten.co.jp
印刷・製本　ラン印刷社

ISBN978-4-278-03657-2 C0077